2017
中国新闻出版统计资料汇编

国家新闻出版广电总局规划发展司 编

中国书籍出版社
China Book Press

图书在版编目（CIP）数据

2017 中国新闻出版统计资料汇编/国家新闻出版广电总局规划发展司编．—北京：中国书籍出版社，2017.9
ISBN 978-7-5068-6502-9

Ⅰ．①2… Ⅱ．①国… Ⅲ．①出版社－出版物－统计资料－汇编－中国－2017 Ⅳ．①G239.21

中国版本图书馆 CIP 数据核字（2017）第 239156 号

2017 中国新闻出版统计资料汇编

国家新闻出版广电总局规划发展司　编

责任编辑　庞　元　陈守卫
责任印制　孙马飞　马　芝
封面设计　楠竹文化
出版发行　中国书籍出版社
地　　址　北京市丰台区三路居路 97 号（邮编：100073）
电　　话　（010）52257143（总编室）　（010）52257140（发行部）
电子邮箱　eo@ chinabp. com. cn
经　　销　全国新华书店
印　　刷　北京九州迅驰传媒文化有限公司
开　　本　787 毫米 × 1092 毫米　1/16
印　　张　12.25
字　　数　330 千字
版　　次　2017 年 9 月第 1 版　2017 年 9 月第 1 次印刷
书　　号　ISBN 978-7-5068-6502-9
定　　价　136.00 元

目　录

八、版权管理及贸易

九、出版机构、人员及单位名录

二〇一六年全国新闻出版业基本情况

2016 年，全国共出版图书、期刊、报纸、音像制品和电子出版物 513.08 亿册（份、盒、张），较 2015 年降低 6.81%。其中，出版图书 90.37 亿册（张），增长 4.32%，占全部数量的 17.61%；期刊 26.97 亿册，降低 6.29%，占 5.26%；报纸 390.07 亿份，降低 9.31%，占 76.03%；音像制品 2.76 亿盒（张），降低 6.12%，占 0.53%；电子出版物 2.91 亿张，增长 35.57%，占 0.57%。全国出版图书、期刊、报纸总印张为 2196.43 亿印张，折合用纸量 508.73 万吨，与上年相比用纸量降低 10.83%，其中：图书用纸量占总量 35.90%，提高 5.28 个百分点；期刊用纸占总量 6.80%，提高 0.11 个百分点；报纸用纸占总量 57.30%，降低 5.39 个百分点。

图　　书

截至 2016 年年底，全国共有出版社 584 家（包括副牌社 33 家），其中中央级出版社 219 家（包括副牌社 13 家），地方出版社 365 家（包括副牌社 20 家）。

一、图书出版总量

2016 年全国共出版图书 499884 种（初版 262415 种，重版、重印 237469 种），总印数 90.37 亿册（张），总印张 777.21 亿印张，折合用纸量 182.66 万吨，定价总金额 1580.96 亿元。与上年相比，图书品种增长 5.07%（初版增长 0.76%，重版、重印增长 10.28%），总印数增长 4.32%，总印张增长 4.58%，定价总金额增长 7.10%。其中：

1. 书籍 410438 种（初版 234873 种，重版、重印 175565 种），总印数 57.41 亿册（张），总印张 513.96 亿印张，折合用纸量 120.78 万吨，定价总金额 1222.24 亿元。与上年相比，种数增长 6.74%（初版增长 2.35%，重版、重印增长 13.25%），总印数增长 7.89%，总印张增长 7.27%，定价总金额增长 9.82%。

2. 课本 89001 种（初版 27337 种，重版、重印 61664 种），总印数 32.77 亿册（张），总印张 262.51 亿印张，折合用纸量 61.69 万吨，定价总金额 355.04 亿元。与上年相比，种数下降 1.89%（初版下降 10.96%，重版、重印增长 2.75%），总印数下降 1.28%，总印张下降 0.22%，定价总金额下降 0.92%。

3. 图片 445 种（初版 205 种，重版、重印 240 种），总印数 0.04 亿册（张），总印张 0.11 亿印张，折合用纸量 0.04 万吨，定价总金额 0.64 亿元。与上年相比，种数下降 15.88%（初版下降 12.39%，重版、重印下降 18.64%），总印数增长 22.55%，总印张增长 19.37%，定价总金额增长 8.13%。

4. 附录总印数 0.15 亿册（张），总印张 0.64 亿印张，折合用纸量 0.15 万吨，定价总金额 3.04 亿元。

二、各类图书出版情况

在使用《中国标准书号》的22类出版物中：

1. 马列主义、毛泽东思想类743种（初版483种）、1555万册（张）、245363千印张、定价总金额43929万元，占总品种0.15%（初版占0.18%）、总印数0.17%、总印张0.32%、定价总金额0.28%。与上年相比，种数增长1.78%（初版下降10.22%），总印数增长10.52%，总印张增长2.22%，定价总金额增长8.36%。

2. 哲学类9796种（初版6221种）、6575万册（张）、925024千印张、定价总金额270016万元，占总品种1.96%（初版占2.37%）、总印数0.73%、总印张1.19%、定价总金额1.71%。与上年相比，种数增长10.19%（初版增长3.77%），总印数增长6.19%，总印张增长12.05%，定价总金额增长17.70%。

3. 社会科学总论类5729种（初版3438种）、2650万册（张）、430304千印张、定价总金额115727万元，占总品种1.15%（初版占1.31%）、总印数0.29%、总印张0.55%、定价总金额0.73%。与上年相比，种数增长1.98%（初版增长1.18%），总印数下降10.89%，总印张下降9.07%，定价总金额下降2.47%。

4. 政治、法律类19015种（初版14205种）、29297万册（张）、3000870千印张、定价总金额689548万元，占总品种3.80%（初版占5.41%）、总印数3.24%、总印张3.86%、定价总金额4.36%。与上年相比，种数下降0.19%（初版增长2.56%），总印数增长57.99%，总印张增长36.45%，定价总金额增长31.18%。

5. 军事类1548种（初版1112种）、858万册（张）、120694千印张、定价总金额32697万元，占总品种0.31%（初版占0.42%）、总印数0.09%、总印张0.16%、定价总金额0.21%。与上年相比，种数下降4.39%（初版下降8.70%），总印数下降8.43%，总印张下降9.49%，定价总金额下降13.09%。

6. 经济类34225种（初版20352种）、15907万册（张）、2530828千印张、定价总金额667039万元，占总品种6.85%（初版占7.76%）、总印数1.76%、总印张3.26%、定价总金额4.22%。与上年相比，种数增长4.97%（初版下降0.31%），总印数增长4.56%，总印张下降1.07%，定价总金额增长0.46%。

7. 文化、科学、教育、体育类202536种（初版82951种）、682823万册（张）、50829699千印张、定价总金额8329191万元，占总品种40.52%（初版占31.61%）、总印数75.56%、总印张65.40%、定价总金额52.68%。与上年相比，种数增长5.16%（初版下降0.47%），总印数增长2.22%，总印张增长4.05%，定价总金额增长5.10%。

8. 语言、文字类22021种（初版9937种）、21444万册（张）、3029245千印张、定价总金额691445万元，占总品种4.41%（初版占3.79%）、总印数2.37%、总印张3.90%、定价总金额4.37%。与上年相比，种数增长2.57%（初版下降3.67%），总印数增长5.63%，总印张下降4.50%，定价总金额增长3.85%。

9. 文学类54502种（初版37343种）、64420万册（张）、6491102千印张、定价总金额1670066万元，占总品种10.90%（初版占14.23%）、总印数7.13%、总印张8.35%、定价总金额10.56%。与上年相比，种数增长9.76%（初版增长7.51%），总印数增长15.75%，总印张增长11.37%，定价总金额增长17.21%。

10. 艺术类 27497 种（初版 18550 种）、19240 万册（张）、1528110 千印张、定价总金额 699919 万元，占总品种 5. 50% （初版占 7. 07% ）、总印数 2. 13% 、总印张 1. 97% 、定价总金额 4. 43% 。与上年相比，种数增长 3. 17% （初版增长 3. 64% ），总印数增长 10. 66% ，总印张增长 7. 15% ，定价总金额增长 7. 39% 。

11. 历史、地理类 18680 种（初版 13439 种）、13082 万册（张）、1687410 千印张、定价总金额 618821 万元，占总品种 3. 74% （初版占 5. 12% ）、总印数 1. 45% 、总印张 2. 17% 、定价总金额 3. 91% 。与上年相比，种数增长 2. 61% （初版下降 3. 74% ），总印数下降 1. 27% ，总印张增长 0. 84% ，定价总金额增长 11. 09% 。

12. 自然科学总论类 797 种（初版 401 种）、518 万册（张）、66847 千印张、定价总金额 20378 万元，占总品种 0. 16% （初版占 0. 15% ）、总印数 0. 06% 、总印张 0. 09% 、定价总金额 0. 13% 。与上年相比，种数增长 2. 18% （初版下降 19. 32% ），总印数下降 1. 33% ，总印张增长 13. 66% ，定价总金额增长 12. 07% 。

13. 数理科学、化学类 8847 种（初版 2998 种）、4116 万册（张）、642210 千印张、定价总金额 136706 万元，占总品种 1. 77% （初版占 1. 14% ）、总印数 0. 46% 、总印张 0. 83% 、定价总金额 0. 86% 。与上年相比，种数增长 8. 15% （初版下降 3. 94% ），总印数增长 9. 29% ，总印张增长 7. 71% ，定价总金额增长 13. 53% 。

14. 天文学、地球科学类 2756 种（初版 1789 种）、1223 万册（张）、142858 千印张、定价总金额 57696 万元，占总品种 0. 55% （初版占 0. 68% ）、总印数 0. 14% 、总印张 0. 18% 、定价总金额 0. 36% 。与上年相比，种数增长 1. 21% （初版增长 0. 28% ），总印数增长 7. 66% ，总印张增长 6. 60% ，定价总金额增长 35. 27% 。

15. 生物科学类 3410 种（初版 1909 种）、2043 万册（张）、219943 千印张、定价总金额 71538 万元，占总品种 0. 68% （初版占 0. 73% ）、总印数 0. 23% 、总印张 0. 28% 、定价总金额 0. 45% 。与上年相比，种数增长 4. 76% （初版增长 2. 30% ），总印数增长 7. 08% ，总印张增长 0. 22% ，定价总金额增长 6. 96% 。

16. 医药、卫生类 21530 种（初版 13596 种）、11042 万册（张）、1873555 千印张、定价总金额 526952 万元，占总品种 4. 31% （初版占 5. 18% ）、总印数 1. 22% 、总印张 2. 41% 、定价总金额 3. 33% 。与上年相比，种数增长 2. 19% （初版下降 0. 56% ），总印数下降 4. 85% ，总印张下降 1. 21% ，定价总金额增长 3. 19% 。

17. 农业科学类 5141 种（初版 3066 种）、1777 万册（张）、196201 千印张、定价总金额 60244 万元，占总品种 1. 03% （初版占 1. 17% ）、总印数 0. 20% 、总印张 0. 25% 、定价总金额 0. 38% 。与上年相比，种数下降 3. 29% （初版下降 7. 51% ），总印数下降 7. 83% ，总印张下降 5. 14% ，定价总金额下降 3. 90% 。

18. 工业技术类 48093 种（初版 22708 种）、16503 万册（张）、2829795 千印张、定价总金额 756048 万元，占总品种 9. 62% （初版占 8. 65% ）、总印数 1. 83% 、总印张 3. 64% 、定价总金额 4. 78% 。与上年相比，种数增长 6. 43% （初版下降 0. 92% ），总印数下降 2. 67% ，总印张下降 1. 51% ，定价总金额增长 2. 00% 。

19. 交通运输类 5648 种（初版 2642 种）、2696 万册（张）、353969 千印张、定价总金额 99806 万元，占总品种 1. 13% （初版占 1. 01% ）、总印数 0. 30% 、总印张 0. 46% 、定价总金额 0. 63% 。与上年相比，种数增长 9. 56% （初版下降 1. 09% ），总印数下降 3. 44% ，总印张下降 6. 97% ，定价总金额下降8.07%。

20. 航空、航天类539种（初版354种）、154万册（张）、22764千印张、定价总金额8853万元，占总品种0.11%（初版占0.13%）、总印数0.02%、总印张0.03%、定价总金额0.06%。与上年相比，种数增长3.45%（初版增长6.95%），总印数下降7.78%，总印张增长3.21%，定价总金额增长5.91%。

21. 环境科学类2247种（初版1593种）、846万册（张）、87254千印张、定价总金额29994万元，占总品种0.45%（初版占0.61%）、总印数0.09%、总印张0.11%、定价总金额0.19%。与上年相比，种数增长2.98%（初版增长5.15%），总印数下降3.75%，总印张增长2.89%，定价总金额增长15.96%。

22. 综合性图书类4139种（初版3123种）、3049万册（张）、392619千印张、定价总金额176188万元，占总品种0.83%（初版占1.19%）、总印数0.34%、总印张0.51%、定价总金额1.11%。与上年相比，种数增长9.41%（初版增长10.24%），总印数增长19.47%，总印张增长6.29%，定价总金额增长5.37%。

三、各类课本出版情况

1. 大专及以上课本63258种（初版21846种）、31208万册（张）、5487193千印张、定价总金额1113687万元。与上年相比，种数增长1.48%（初版下降4.00%），总印数下降2.62%，总印张下降2.21%，定价总金额增长0.60%。

2. 中专、技校课本6580种（初版1836种）、6698万册（张）、852523千印张、定价总金额159364万元。与上年相比，种数下降13.92%（初版下降34.73%），总印数下降10.35%，总印张下降8.75%，定价总金额下降8.79%。

3. 中学课本6442种（初版806种）、153076万册（张）、11921868千印张、定价总金额1243245万元。与上年相比，种数下降6.33%（初版下降35.52%），总印数下降0.39%，总印张增长1.58%，定价总金额增长0.96%。

4. 小学课本5712种（初版958种）、131365万册（张）、7240824千印张、定价总金额857361万元。与上年相比，种数下降8.62%（初版下降37.02%），总印数下降0.91%，总印张增长1.20%，定价总金额下降0.18%。

5. 业余教育课本3043种（初版1283种）、2576万册（张）、409669千印张、定价总金额100070万元。与上年相比，种数下降15.87%（初版下降19.05%），总印数下降26.17%，总印张下降20.94%，定价总金额下降23.23%。

6. 扫盲课本3种、0.35万册（张）、17千印张、定价总金额3万元。

7. 教学用书3963种（初版608种）、2768万册（张）、338692千印张、定价总金额76637万元。与上年相比，种数下降0.70%（初版下降21.35%），总印数增长5.81%，总印张下降2.13%，定价总金额下降1.71%。

四、少年儿童读物出版情况

2016年，全国共出版少年儿童读物43639种（初版25422种）、77789万册（张）、4528085千印张、定价总金额1600285万元。与上年相比，种数增长19.12%（初版增长14.96%），总印数增长40.00%，总印张增长33.69%，定价总金额增长40.77%。

期　刊

一、期刊出版总量

2016 年全国共出版期刊 10084 种，平均期印数 13905 万册，每种平均期印数 1.44 万册，总印数 26.97 亿册，总印张 151.95 亿印张，定价总金额 232.42 亿元。与上年相比，种数增长 0.70%，平均期印数下降 4.94%，总印数下降 6.29%，总印张下降 9.43%，定价总金额下降 4.34%。

二、各类期刊出版情况

各类期刊的出版数量、所占比重及与上年相比增减百分比如下：

1. 综合类期刊 365 种，平均期印数 851 万册，总印数 18230 万册，总印张 968323 千印张；占期刊总品种 3.62%，总印数 6.76%，总印张 6.37%。与上年相比，种数下降 0.27%，平均期印数下降 6.72%，总印数下降 7.43%，总印张下降 7.67%。

2. 哲学、社会科学类期刊 2664 种，平均期印数 6861 万册，总印数 126966 万册，总印张 6490942 千印张；占期刊总品种 26.42%，总印数 47.08%，总印张 42.72%。与上年相比，种数增长 1.10%，平均期印数下降 2.32%，总印数下降 3.39%，总印张下降 5.54%。

3. 自然科学、技术类期刊 5014 种，平均期印数 2496 万册，总印数 36920 万册，总印张 3040433 千印张；占期刊总品种 49.72%，总印数 13.69%，总印张 20.01%。与上年相比，种数增长 0.62%，平均期印数下降 5.74%，总印数下降 6.65%，总印张下降 9.33%。

4. 文化、教育类期刊 1383 种，平均期印数 2679 万册，总印数 61745 万册，总印张 3198073 千印张；占期刊总品种 13.71%，总印数 22.90%，总印张 21.05%。与上年相比，种数增长 0.44%，平均期印数下降 5.33%，总印数下降 4.68%，总印张下降 9.32%。

5. 文学、艺术类期刊 658 种，平均期印数 1019 万册，总印数 25808 万册，总印张 1497528 千印张；占期刊总品种 6.53%，总印数 9.57%，总印张 9.86%。与上年相比，种数增长 0.77%，平均期印数下降 16.15%，总印数下降 20.31%，总印张下降 24.29%。

三、少年儿童期刊出版情况

2016 年全国共出版少年儿童期刊 212 种，平均期印数 1796 万册，总印数 50692 万册，总印张 1753680 千印张；占期刊总品种 2.10%，总印数 18.80%，总印张 11.54%。与上年相比，种数增长 1.44%，平均期印数下降 4.97%，总印数下降 6.41%，总印张下降 12.94%。

四、画刊出版情况

2016 年全国共出版画刊（不含面向少年儿童的画刊）55 种，平均期印数 63 万册，总印数 886 万册，总印张 80078 千印张；占期刊总品种 0.55%，总印数 0.33%，总印张 0.53%。与上年相比，种数增长 3.77%，平均期印数增长 3.88%，总印数下降 5.46%，总印张下降 13.30%。

五、动漫期刊出版情况

2016 年全国共出版动漫期刊 40 种，平均期印数 255 万册，总印数 8218 万册，总印张 508818 千印张；占期刊总品种 0.40%，总印数 3.05%，总印张 3.35%。与上年相比，种数增长 11.11%，平均期印数下降25.44%，总印数下降32.18%，总印张下降38.01%。

报　纸

一、报纸出版总量

2016年全国共出版报纸1894种，平均期印数19494.94万份，每种平均期印数10.29万份，总印数390.07亿份，总印张1267.27亿印张，折合用纸量291.48万吨，定价总金额408.20亿元。与上年相比，种数下降0.63%，平均期印数下降7.03%，总印数下降9.31%，总印张下降18.50%，定价总金额下降6.00%。

二、各级报纸出版情况

1. 全国性和省级报纸997种，平均期印数14685.11万份，总印数264.33亿份，总印张839.28亿印张。占报纸总品种52.64%，总印数67.76%，总印张66.23%。与上年相比种数下降0.80%，平均期印数下降6.44%，总印数下降8.62%，总印张下降17.10%。其中：

全国性报纸217种，平均期印数3029.57万份，总印数78.76亿份，总印张225.39亿印张；占报纸总品种11.46%，总印数20.19%，总印张17.79%。与上年相比种数下降0.46%，平均期印数下降2.22%，总印数下降0.85%，总印张下降0.91%。

省级报纸780种，平均期印数11655.53万份，总印数185.57亿份，总印张613.90亿印张；占报纸总品种41.18%，总印数47.57%，总印张48.44%。与上年相比种数下降0.89%，平均期印数下降7.48%，总印数下降11.56%，总印张下降21.79%。

2. 地、市级报纸878种，平均期印数4780.59万份，总印数124.93亿份，总印张426.32亿印张；占报纸总品种46.36%，总印数32.03%，总印张33.64%。与上年相比种数下降0.45%，平均期印数下降8.81%，总印数下降10.76%，总印张下降21.17%。

3. 县级报纸19种，平均期印数29.24万份，总印数0.81亿份，总印张1.66亿印张；占报纸总品种1.00%，总印数0.21%，总印张0.13%。与上年相比种数持平，平均期印数下降2.87%，总印数下降3.21%，总印张下降4.35%。

三、各类报纸出版情况

1. 综合报纸850种，平均期印数7567.85万份，总印数250.61亿份，总印张1001.83亿印张；占报纸总品种44.88%，总印数64.25%，总印张79.05%。与上年相比，种数增长0.47%，平均期印数下降11.05%，总印数下降11.88%，总印张下降20.55%。

2. 专业报纸700种，平均期印数9039.01万份，总印数106.92亿份，总印张197.48亿印张；占报纸总品种36.96%，总印数27.41%，总印张15.58%。与上年相比，种数下降1.69%，平均期印数下降3.50%，总印数下降3.57%，总印张下降7.76%。

3. 生活服务报纸214种，平均期印数1239.04万份，总印数10.63亿份，总印张35.21亿印张；占报纸总品种11.30%，总印数2.72%，总印张2.78%。与上年相比，种数下降3.17%，平均期印数下降12.54%，总印数下降15.21%，总印张下降21.91%。

4. 读者对象报纸107种，平均期印数1289.05万份，总印数17.19亿份，总印张26.21亿印张；占报纸总品种5.65%，总印数4.41%，总印张2.07%。与上年相比，种数增长1.90%，平均期印数下降 0.50%，总印数下降 1.04%，总印张下降 6.33%。

5. 文摘报纸 23 种，平均期印数 359.99 万份，总印数 4.71 亿份，总印张 6.54 亿印张；占报纸总品种 1.21%，总印数 1.21%，总印张 0.52%。与上年相比，种数增长 4.55%，平均期印数下降 5.51%，总印数下降 3.64%，总印张下降 3.40%。

音像制品与电子出版物

截至 2016 年年底，全国共有音像制品出版单位 372 家，电子出版物出版单位 309 家。

一、录音制品出版情况

2016 年，全国共出版录音制品 8713 种，出版数量 2.14 亿盒（张），发行数量 1.88 亿盒（张）。与上年相比，品种下降 11.63%，出版数量下降 8.66%，发行数量下降 12.18%。

各类录音制品的出版数量及占总量的比重如下：

1. 录音带（AT）1526 种，11450.56 万盒（新出 395 种、336.20 万盒，再版 1131 种、11114.37 万盒）。与上年相比，品种下降 8.90%，数量下降 16.85%。少年儿童录音带 7 种，数量 3.15 万盒。

2. 激光唱盘（CD）5844 种，7755.36 万张（新出 2611 种、1465.84 万张，再版 3233 种、6289.53 万张）。与上年相比，品种下降 2.01%，数量增长 6.43%。少年儿童激光唱盘 576 种，数量 399.34 万张。

3. 高密度激光唱盘（DVD-A）及其他载体 1343 种，2152.49 万张（新出 444 种、243.90 万张，再版 899 种、1908.59 万张）。与上年相比，品种下降 39.53%，数量下降 7.47%。少年儿童高密度激光唱盘及其他载体 70 种，数量 28.33 万张。

二、录像制品出版情况

2016 年，全国共出版录像制品 5671 种，出版数量 0.62 亿盒（张），发行数量 0.53 亿盒（张）。与上年相比，品种增长 2.88%，出版数量增长 3.17%，发行数量下降 12.11%。

各类录像制品的出版数量及占总量的比重如下：

1. 录像带（VT）及其他载体 154 种，33.85 万盒（新出 146 种、27.95 万盒，再版 8 种、5.90 万盒）。与上年相比，品种增长 46.67%，数量下降 43.53%。少年儿童录像带及其他载体 1 种，数量 2.01 万盒。

2. 数码激光视盘（VCD）792 种，1479.69 万张（新出 270 种、432.68 万张，再版 522 种、1047.01 万张）。与上年相比，品种下降 38.94%，数量增长 4.31%。少年儿童数码激光视盘 164 种，数量 340.41 万张。

3. 高密度激光视盘（DVD-V）4725 种，4712.67 万张（新出 3299 种、2948.19 万张，再版 1426 种、1764.47 万张）。与上年相比，品种增长 14.96%，数量增长 3.43%。少年儿童高密度激光视盘 443 种，数量 1714.63 万张。

三、电子出版物出版情况

2016 年，全国共出版电子出版物 9836 种，出版数量 2.91 亿张，发行数量 2.67 亿张。与上年相比，品种下降 2.53%，数量增长 35.57%，发行数量增长 7.31%。

1. 只读光盘（CD-ROM）5445 种，23047.15 万张（新出 2329 种、1845.06 万张，再版 3116 种、21202.09 万张）。与上年相比，品种下降 4.34%，数量增长 32.03%。

2. 高密度只读光盘（DVD-ROM）2912 种，4998.17 万张（新出 1751 种、3511.37 万张，再版 1161 种、1486.80 万张）。与上年相比，品种下降 11.65%，数量增长 71.59%。

3. 交互式光盘（CD-I）及其他载体 1479 种，1019.34 万张（新出 1088 种、280.58 万张，再版 391 种、738.76 万张）。与上年相比，品种增长 34.09%，数量下降 4.70%。

印刷复制

一、印刷复制总体情况

2016 年印刷复制（包括出版物印刷、包装装潢印刷、其他印刷品印刷、专项印刷、打字复印、复制和印刷物资供销）实现营业收入 12711.59 亿元，增长 3.81%；利润总额 882.70 亿元，增长 1.23%。

二、出版物印刷（含专项印刷）

2016 年全国出版物印刷企业（含专项印刷）8936 家，职工年末平均人数 47.83 万人，与上年相比下降 0.95%，职工工资总额 214.64 亿元，与上年相比增长 10.24%，人均年工资 4.49 万元，与上年相比增长 11.41%。

（一）出版物印刷厂产量（含专项印刷）

1. 图书、期刊、报纸、其他出版物黑白印刷产量 31517.57 万令，比上年增长 1.85%；彩色印刷产量 150688.38 万对开色令，比上年下降 31.39%。

2. 装订产量 33668.54 万令，比上年增长 6.45%。

3. 印刷用纸量 64299.06 万令（包含平版纸和卷筒纸），比上年增长 5.93%。

（二）出版物印刷厂主要经济指标（含专项印刷）

1. 资产合计年末数 2475.74 亿元，比上年增长 3.08%。

2. 年末负债合计 1239.02 亿元，比上年增长 3.00%。

3. 所有者权益合计年末数 1232.12 亿元，比上年增长 2.94%。

4. 主营业务收入 1540.34 亿元，比上年增长 2.15%。

5. 利润总额 115.96 亿元，比上年下降 10.64%。

三、包装装潢印刷厂主要经济指标

1. 营业收入 9712.74 亿元，比上年增长 4.99%。

2. 利润总额 629.35 亿元，比上年增长 4.85%。

四、其他印刷品印刷厂主要经济指标

1. 营业收入 1084.49 亿元，比上年下降 0.82%。

2. 利润总额 93.87 亿元，比上年下降 5.52%。

出版物发行

一、发行网点与从业人员情况

2016 年，全国共有出版物发行网点 163102 处，与上年相比下降 0. 33% 。其中新华书店及其发行网点 8996 处，与上年相比增长 0. 87% ；供销社发行网点 75 处，与上年相比下降 86. 03% ；出版社自办发行网点 420 处，与上年相比下降 1. 18% ；邮政系统发行网点 39358 处；上述系统外批发网点 8381 处；集个体零售网点 105872 处。

2016 年，全国出版物发行网点从业人员 67. 12 万人，与上年相比下降 3. 60% 。其中新华书店及其发行网点从业人员 12. 86 万人，与上年相比下降 1. 23% ；邮政系统发行网点从业人员 9. 62 万人；上述系统外批发点从业人员 16. 07 万人；集个体零售网点从业人员 27. 48 万人。

二、出版物购进情况

2016 年，全国新华书店系统、出版社自办发行单位出版物总购进 207. 78 亿册（张、份、盒）、2857. 11 亿元，与上年相比数量增长 2. 31% ，金额增长 7. 03% 。其中：新华书店系统购进 142. 01 亿册（张、份、盒），比上年增长 1. 87% ；购进金额 1605. 59 亿元，比上年增长 5. 43% 。

三、出版物销售情况

（一）总销售情况

2016 年全国新华书店系统、出版社自办发行单位出版物总销售 208. 27 亿册（张、份、盒）、2771. 34 亿元，与上年相比数量增长 4. 42% ，金额增长 8. 10% 。其中：新华书店系统销售 142. 62 亿册（张、份、盒）、1597. 06 亿元，与上年相比数量增长 3. 94% ，金额增长 7. 90% 。其中：

1. 居民和社会团体零售总额 833. 10 亿元，比上年增长 10. 85% 。其中城市零售 709. 35 亿元，农村零售 123. 75 亿元，城乡零售比为 5. 73:1。

2. 出版物批发销售总额 1936. 39 亿元，比上年增长 6. 98% ，批零比为 2. 32:1。其中：批给市、县批发、零售出版物发行企业 1918. 84 亿元，比上年增长 7. 57% ；批给县以下单位或个人 17. 54 亿元，比上年下降 32. 82% 。

3. 出口总额 1. 85 亿元，比上年下降 15. 53% 。

（二）纯销售情况

2016 年，全国新华书店系统、出版社自办发行单位纯销售 70. 25 亿册（张、份、盒）、852. 49 亿元，与上年相比数量增长 4. 38% ，金额增长 9. 31% 。

（三）各类出版物零售情况

2016 年，全国新华书店系统、出版社自办发行单位的各类出版物零售数量和金额、所占零售总量的比重如下：

1. 图书 67. 09 亿册、795. 56 亿元，占零售数量 98. 60% 、零售金额 95. 49% 。其中：

（1）哲学、社会科学类图书 2. 94 亿册、56. 63 亿元，占零售数量 4. 33% 、零售金额 6. 80% 。

（2）文化、教育类图书 54. 26 亿册、581. 74 亿元，占零售数量 79. 75% 、零售金额 69. 83% 。其中：中小学课本及教参 25. 38 亿册、228. 20 亿元，占零售数量 37. 31% 、零售金额 27. 39% ；教辅读物 20. 36 亿册、238. 27 亿元，占零售数量 29. 93% 、零售金额 28. 60% 。

（3）文学、艺术类图书2.81亿册、55.26亿元，占零售数量4.13%、零售金额6.63%。

（4）自然科学、技术类图书1.51亿册、36.11亿元，占零售数量2.22%、零售金额4.33%。

（5）综合类图书5.57亿册、65.82亿元，占零售数量8.18%、零售金额7.90%。

此外，少年儿童读物图书2.00亿册、35.88亿元，占零售数量2.93%、零售金额4.31%；大中专教材、业余教育及教参1.24亿册、26.48亿元，占零售数量1.82%、零售金额3.18%。

2. 期刊0.30亿册、11.76亿元，占零售数量0.44%、零售金额1.41%。

3. 报纸0.11亿份、1.10亿元，占零售数量0.15%、零售金额0.13%。

4. 音像制品0.39亿盒张、7.63亿元，占零售数量0.57%、零售金额0.92%。

5. 电子出版物0.16亿张、11.39亿元，占零售数量0.23%、零售金额1.37%。

6. 数字出版物（电子书等，不包含电子阅读器等硬件）5.66亿元，占零售金额0.68%。

四、出版物库存情况

全国新华书店系统、出版社自办发行单位年末库存65.75亿册（张、份、盒）、1143.01亿元，与上年相比数量下降3.07%，金额增长5.60%。

五、非出版物商品销售

非出版物商品销售金额319.46亿元（不含在销售总额之内）。

出版物进出口

一、图书、报纸、期刊出口

2016年，全国累计出口图书、报纸、期刊2169.94万册（份）、7785.11万美元，与上年相比，数量增长2.72%，金额下降1.98%。其中，全国出版物进出口经营单位累计出口1765.52万册（份）、5886.67万美元，与上年相比，数量增长13.71%，金额增长2.79%。

全国出版物进出口经营单位累计出口构成如下：

1. 图书出口1450.28万册、5407.37万美元，与上年相比，数量增长13.41%，金额增长3.56%。

2. 期刊出口265.69万册、443.78万美元，与上年相比，数量增长10.54%，金额下降3.87%。

3. 报纸出口49.55万份、35.52万美元，与上年相比，数量增长47.78%，金额下降18.21%。

全国出版物进出口经营单位各类图书出口的数量、金额及所占全国出版物进出口经营单位图书出口总量的比重如下：

1. 哲学、社会科学类146.00万册、1826.43万美元，占图书出口数量10.07%、金额33.78%。

2. 文化、教育类158.03万册、763.35万美元，占图书出口数量10.90%、金额14.12%。

3. 文学、艺术类189.19万册、960.36万美元，占图书出口数量13.05%、金额17.76%。

4. 自然、科学技术类49.36万册、296.58万美元，占图书出口数量3.40%、金额5.48%。

5. 少儿读物类729.87万册、653.26万美元，占图书出口数量50.33%、金额12.08%。

6. 综合类177.83万册、907.39万美元，占图书出口数量12.26%、金额16.78%。

二、图书、报纸、期刊进口

2016年，全国出版物进出口经营单位累计进口图书、报纸、期刊3108.18万册（份）、

30051.73 万美元，与上年相比，数量增长 10.54%，金额下降 1.66%。其中：

1. 图书进口 1551.63 万册、14421.60 万美元，与上年相比，数量增长 9.36%，金额下降 0.54%。
2. 期刊进口 338.37 万册、14137.21 万美元，与上年相比，数量下降 5.39%，金额下降 1.30%。
3. 报纸进口 1218.18 万份、1492.92 万美元，与上年相比，数量增长 17.66%，金额下降 13.96%。

各类图书进口的数量、金额及所占图书进口总量的比重如下：

1. 哲学、社会科学类 61.70 万册、1828.11 万美元，占图书进口数量 3.98%、金额 12.68%。
2. 文化、教育类 296.78 万册、3035.78 万美元，占图书进口数量 19.13%、金额 21.05%。
3. 文学、艺术类 170.95 万册、1745.86 万美元，占图书进口数量 11.02%、金额 12.11%。
4. 自然、科学技术类 56.30 万册、2336.71 万美元，占图书进口数量 3.63%、金额 16.20%。
5. 少儿读物类 510.40 万册、1671.76 万美元，占图书进口数量 32.89%、金额 11.59%。
6. 综合类 455.50 万册、3803.38 万美元，占图书进口数量 29.36%、金额 26.37%。

三、音像制品、电子出版物与数字出版物出口

2016 年，全国累计出口音像制品、电子出版物与数字出版物 11.75 万盒（张）、3225.66 万美元，与上年相比，数量下降 1.96%，金额增长 26.85%。其中：全国出版物进出口经营单位累计出口 1.33 万盒（张）、156.43 万美元，与上年相比，数量增长 41.04%，金额增长 14.38%。全国出版物进出口经营单位累计出口构成如下：

1. 高密度激光唱盘（DVD-A）11975 张、34.67 万美元，占出口数量 90.24%、金额 22.16%。
2. 高密度激光视盘（DVD-V）1295 盒、1.11 万美元，占出口数量 9.76%、金额 0.71%。
3. 数字出版物 120.65 万美元，占出口金额 77.13%。

四、音像制品、电子出版物与数字出版物进口

2016 年，全国出版物进出口经营单位累计进口音像制品、电子出版物与数字出版物 10.81 万盒（张）、25859.38 万美元，与上年相比，数量下降 6.98%，金额增长 6.82%。其中：

1. 激光唱盘（CD）98261 张、95.92 万美元，占进口数量 90.90%、金额 0.37%。与上年相比，数量下降 9.58%，金额下降 3.64%。

2. 高密度激光视盘（DVD-V）9835 张、17.32 万美元，占进口数量 9.10%、金额 0.07%。与上年相比，数量增长 30.32%，金额增长 88.47%。

3. 数字出版物 25746.14 万美元，占进口金额 99.56%。与上年相比，金额增长 6.84%。

版权管理与版权贸易

一、版权管理

（一）受理、查处案件

2016 年，全国各级版权行政管理机关共检查经营单位 878013 家，取缔违法经营单位 6243 家，查获地下窝点 325 个，行政处罚 3065 起，移送司法机关案件 189 件。

（二）收缴盗版品

2016 年，全国各地方版权行政管理机关共收缴各类盗版品 1291.97 万件，其中查缴的盗版书刊 1004.25 万册，盗版音像制品 195.39 万盒（张），盗版电子出版物 16.20 万张，盗版软件 37.80 万

张，其他各类盗版品38.33万件。

（三）版权合同登记

2016年，全国版权合同登记19744份，其中图书16755份，期刊99份，音像制品1790份，电子出版物238份，软件686份，电影1份，电视节目2份，其他173份。

（四）作品自愿登记

2016年，全国作品自愿登记1895053份，其中文字作品631997份，口述作品66份，音乐作品18496份，曲艺310份，舞蹈147份，杂技43份，美术作品440099份，摄影作品729473份，建筑604份，影视26530份，设计图10160份，地图669份，模型312份，其他36147份。

二、版权贸易

（一）版权引进

1. 总体情况。

2016年，共引进版权17252种，其中图书16587种，录音制品119种，录像制品251种，电子出版物217种。

版权引进地情况如下：

美国5461种，英国2966种，德国895种，法国1100种，俄罗斯104种，加拿大152种，新加坡262种，日本1952种，韩国1067种，中国香港地区248种，中国澳门地区1种，中国台湾地区979种，其他国家和地区2065种。

2. 出版物版权引进情况。

2016年，共引进图书、音像制品和电子出版物版权17174种。其中，图书版权引进地情况如下：

美国5201种，英国2873种，德国888种，法国1069种，俄罗斯101种，加拿大142种，新加坡260种，日本1911种，韩国1024种，中国香港地区208种，中国澳门地区1种，中国台湾地区949种，其他国家和地区1960种。

（二）版权输出

1. 总体情况。

2016年，共输出版权11133种，其中图书8328种，录音制品201种，录像制品18种，电子出版物1264种。

版权输出地情况如下：

美国1483种，英国353种，德国346种，法国164种，俄罗斯360种，加拿大143种，新加坡403种，日本356种，韩国719种，中国香港地区710种，中国澳门地区179种，中国台湾地区2110种，其他国家和地区3807种。

2. 出版物版权输出情况。

2016年，共输出图书、音像制品和电子出版物版权9811种。其中，图书版权输出地情况如下：

美国932种，英国290种，德国262种，法国110种，俄罗斯356种，加拿大87种，新加坡184种，日本353种，韩国576种，中国香港地区486种，中国澳门地区56种，中国台湾地区1848种，其他国家和地区2788种。

（说明：统计数据未包含中国香港地区、中国澳门地区、中国台湾地区有关统计机构数据。）

一、图书出版

全国各类图书出版数量及与上年相比增减百分比

（一）种　数

	本版图书种数（种）			与上年相比增减（%）			租型图书种数（种）	与上年相比增减（%）
	合计	初版	重印	合计	初版	重印		
图书总计	**499884**	**262415**	**237469**	**5.07**	**0.76**	**10.28**	**11629**	**7.21**
（一）使用《中国标准书号》部分合计	499439	262210	237229	5.09	0.78	10.31	11629	7.21
A 马克思主义、列宁主义、毛泽东思想	743	483	260	1.78	-10.22	35.42	10	
B 哲学	9796	6221	3575	10.19	3.77	23.49	1	
C 社会科学总论	5729	3438	2291	1.98	1.18	3.20		-100.00
D 政治、法律	19015	14205	4810	-0.19	2.56	-7.50	46	820.00
E 军事	1548	1112	436	-4.39	-8.70	8.73		
F 经济	34225	20352	13873	4.97	-0.31	13.81	1	-50.00
G 文化、科学、教育、体育	202536	82951	119585	5.16	-0.47	9.46	11492	6.41
H 语言、文字	22021	9937	12084	2.57	-3.67	8.35	4	
I 文学	54502	37343	17159	9.76	7.51	15.01	11	-8.33
J 艺术	27497	18550	8947	3.17	3.64	2.20	47	213.33
K 历史、地理	18680	13439	5241	2.61	-3.74	23.49	2	
N 自然科学总论	797	401	396	2.18	-19.32	39.93	1	
O 数理科学、化学	8847	2998	5849	8.15	-3.94	15.62	1	
P 天文学、地球科学	2756	1789	967	1.21	0.28	2.98		
Q 生物科学	3410	1909	1501	4.76	2.30	8.06		-100.00
R 医药、卫生	21530	13596	7934	2.19	-0.56	7.26	4	100.00
S 农业科学	5141	3066	2075	-3.29	-7.51	3.70	3	-25.00
T 工业技术	48093	22708	25385	6.43	-0.92	14.00		-100.00
U 交通运输	5648	2642	3006	9.56	-1.09	21.01		
V 航空、航天	539	354	185	3.45	6.95	-2.63		
X 环境科学	2247	1593	654	2.98	5.15	-1.95		
Z 综合性图书	4139	3123	1016	9.41	10.24	6.95	6	
（二）不使用《中国标准书号》部分合计	445	205	240	-15.88	-12.39	-18.64		
1. 图片	445	205	240	-15.88	-12.39	-18.64		
2. 国标(GB)、部标(BB)等标准类文件印品								
3. 活页文选、活页歌篇、小件印品等								

全国各类图书出版数量及与上年相比增减百分比（续表1）

（二）总印数

	本年图书总印数（万册、张）				与上年相比增减（%）	
	合计	初版	重印	租型	合计	租型
图书总计	**903682**	**240835**	**511852**	**150995**	**4.32**	**-2.21**
（一）使用《中国标准书号》部分合计	901818	239717	511106	150995	4.37	-2.21
A 马克思主义、列宁主义、毛泽东思想	1555	290	1122	143	10.52	
B 哲学	6575	3350	3220	5	6.19	
C 社会科学总论	2650	1252	1398		-10.89	-100.00
D 政治、法律	29297	21536	7301	460	57.99	922.22
E 军事	858	508	350		-8.43	
F 经济	15907	9421	6486		4.56	-100.00
G 文化、科学、教育、体育	682823	126131	406407	150285	2.22	-2.63
H 语言、文字	21444	6073	15348	23	5.63	
I 文学	64420	32914	31485	21	15.75	320.00
J 艺术	19240	10619	8609	12	10.66	71.43
K 历史、地理	13082	6510	6564	8	-1.27	700.00
N 自然科学总论	518	178	325	15	-1.33	
O 数理科学、化学	4116	1275	2841		9.29	
P 天文学、地球科学	1223	647	576		7.66	
Q 生物科学	2043	1114	929		7.08	-100.00
R 医药、卫生	11042	6021	5020	1	-4.85	
S 农业科学	1777	910	862	5	-7.83	-44.44
T 工业技术	16503	7748	8755		-2.67	
U 交通运输	2696	1018	1678		-3.44	
V 航空、航天	154	86	68		-7.78	
X 环境科学	846	553	293		-3.75	
Z 综合性图书	3049	1563	1469	17	19.47	
（二）不使用《中国标准书号》部分合计	1864	1118	746		-14.61	
1. 图片	413	260	153		22.55	
2. 国标(GB)、部标(BB)等标准类文件印品	1019	597	422		-27.01	
3. 活页文选、活页歌篇、小件印品等	432	261	171		-4.00	

全国各类图书出版数量及与上年相比增减百分比（续表2）

（三）总印张

	本年图书总印张（千印张）				与上年相比增减（%）	
	合计	初版	重印	租型	合计	租型
图书总计	**77721102**	**24163518**	**42492226**	**11065358**	**4.58**	**0.16**
（一）使用《中国标准书号》部分合计	77646664	24120070	42461236	11065358	4.62	0.16
A 马克思主义、列宁主义、毛泽东思想	245363	44618	190331	10414	2.22	
B 哲学	925024	481116	443483	425	12.05	
C 社会科学总论	430304	201830	228474		-9.07	-100.00
D 政治、法律	3000870	2314143	636690	50037	36.45	9559.65
E 军事	120694	78219	42475		-9.49	
F 经济	2530828	1397466	1133354	8	-1.07	-97.87
G 文化、科学、教育、体育	50829699	10520146	29313182	10996371	4.05	-0.44
H 语言、文字	3029245	812501	2215040	1704	-4.50	
I 文学	6491102	3303967	3185571	1564	11.37	77.32
J 艺术	1528110	849549	677686	875	7.15	292.38
K 历史、地理	1687410	965484	721064	862	0.84	1361.02
N 自然科学总论	66847	20591	45006	1250	13.66	
O 数理科学、化学	642210	178810	463359	41	7.71	192.86
P 天文学、地球科学	142858	77236	65622		6.60	
Q 生物科学	219943	91337	128606		0.22	-100.00
R 医药、卫生	1873555	1014958	858496	101	-1.21	77.19
S 农业科学	196201	100130	95790	281	-5.14	-23.22
T 工业技术	2829795	1254339	1575456		-1.51	-100.00
U 交通运输	353969	122875	231094		-6.97	
V 航空、航天	22764	13520	9244		3.21	
X 环境科学	87254	53703	33551		2.89	
Z 综合性图书	392619	223532	167662	1425	6.29	
（二）不使用《中国标准书号》部分合计	74438	43448	30990		-23.94	
1. 图片	10508	5217	5291		19.37	
2. 国标(GB)、部标(BB)等标准类文件印品	47021	24695	22326		-19.08	
3. 活页文选、活页歌篇、小件印品等	16909	13536	3373		-45.37	

全国各类图书出版数量及与上年相比增减百分比（续表3）

（四）图书总定价

	图书总定价（万元）				
	合计	增减（%）	初版	重印	租型
图书总计	**15809598**	**7.10**	**6814149**	**7830411**	**1165038**
（一）使用《中国标准书号》部分合计	15772801	7.20	6792391	7815372	1165038
A 马克思主义、列宁主义、毛泽东思想	43929	8.36	12431	29650	1848
B 哲学	270016	17.70	161460	108468	88
C 社会科学总论	115727	-2.47	64895	50832	
D 政治、法律	689548	31.18	538572	139787	11189
E 军事	32697	-13.09	23459	9238	
F 经济	667039	0.46	416940	250097	2
G 文化、科学、教育、体育	8329191	5.10	2359511	4819374	1150306
H 语言、文字	691445	3.85	219234	472013	198
I 文学	1670066	17.21	946778	722936	352
J 艺术	699919	7.39	500875	198840	204
K 历史、地理	618821	11.09	436748	181906	167
N 自然科学总论	20378	12.07	8289	11839	250
O 数理科学、化学	136706	13.53	46678	90022	6
P 天文学、地球科学	57696	35.27	35051	22645	
Q 生物科学	71538	6.96	42043	29495	
R 医药、卫生	526952	3.19	331392	195532	28
S 农业科学	60244	-3.90	38601	21584	59
T 工业技术	756048	2.00	415627	340421	
U 交通运输	99806	-8.07	39452	60354	
V 航空、航天	8853	5.91	6304	2549	
X 环境科学	29994	15.96	22103	7891	
Z 综合性图书	176188	5.37	125948	49899	341
（二）不使用《中国标准书号》部分合计	36797	-23.28	21758	15039	
1. 图片	6412	8.13	4442	1970	
2. 国标(GB)、部标(BB)等标准类文件印品	27246	-23.14	15283	11963	
3. 活页文选、活页歌篇、小件印品等	3139	-52.33	2033	1106	

中央出版单位各类图书出版数量及与上年相比增减百分比

（一）种　数

	本版图书种数（种）			与上年相比增减（%）			租型图书种数（种）	与上年相比增减（%）
	合计	初版	重印	合计	初版	重印		
图书总计	**199701**	**106901**	**92800**	**2.89**	**−1.27**	**8.15**	**17**	**−29.17**
（一）使用《中国标准书号》部分合计	199471	106774	92697	2.89	−1.29	8.17	17	−29.17
A 马克思主义、列宁主义、毛泽东思想	419	263	156	−13.25	−26.94	26.83		
B 哲学	5549	3334	2215	8.32	−0.69	25.42		
C 社会科学总论	3352	1868	1484	−5.20	−8.83	−0.20		
D 政治、法律	14070	10288	3782	−2.97	0.44	−11.18		
E 军事	1012	720	292	−4.35	−12.94	26.41		
F 经济	23668	13441	10227	4.58	−3.37	17.27		
G 文化、科学、教育、体育	36234	16549	19685	−1.57	0.98	−3.62	17	−29.17
H 语言、文字	12056	4880	7176	2.99	−2.69	7.25		
I 文学	14876	10944	3932	1.63	1.01	3.39		
J 艺术	8676	5657	3019	6.91	7.90	5.12		
K 历史、地理	8774	5713	3061	−1.64	−12.16	26.70		
N 自然科学总论	372	191	181	24.83	−1.04	72.38		
O 数理科学、化学	6119	1787	4332	10.97	−7.36	20.84		
P 天文学、地球科学	1709	1159	550	1.73	−0.94	7.84		
Q 生物科学	1876	915	961	4.34	−1.93	11.10		
R 医药、卫生	13410	7587	5823	4.32	−0.45	11.25		
S 农业科学	3182	1721	1461	−10.11	−13.17	−6.23		
T 工业技术	36685	15702	20983	9.18	1.22	16.01		
U 交通运输	4197	1760	2437	10.45	−4.19	24.15		
V 航空、航天	383	259	124	0.52	1.57	−1.59		
X 环境科学	1499	993	506	−1.32	1.33	−6.12		
Z 综合性图书	1353	1043	310	−0.66	1.36	−6.91		
（二）不使用《中国标准书号》部分合计	230	127	103	6.48	18.69	−5.50		
1. 图片	230	127	103	6.48	18.69	−5.50		
2. 国标(GB)、部标(BB)等标准类文件印品								
3. 活页文选、活页歌篇、小件印品等								

中央出版单位各类图书出版数量及与上年相比增减百分比（续表1）

（二）总印数

	本年图书总印数（万册、张）				与上年相比增减（%）	
	合计	初版	重印	租型	合计	租型
图书总计	**241215**	**83828**	**157189**	**198**	**8.63**	**5.32**
（一）使用《中国标准书号》部分合计	239736	82985	156553	198	8.77	5.32
A 马克思主义、列宁主义、毛泽东思想	1195	110	1085		-9.67	
B 哲学	4129	1874	2255		13.15	
C 社会科学总论	1668	710	958		-20.31	
D 政治、法律	25480	19293	6187		59.72	
E 军事	432	305	127		-22.86	
F 经济	12231	7251	4980		6.60	
G 文化、科学、教育、体育	125684	22263	103223	198	6.69	5.32
H 语言、文字	12844	3295	9549		5.19	
I 文学	13678	7878	5800		4.76	
J 艺术	5844	3816	2028		19.46	
K 历史、地理	7872	3320	4552		0.25	
N 自然科学总论	214	89	125		36.31	
O 数理科学、化学	2581	717	1864		2.95	
P 天文学、地球科学	545	357	188		1.87	
Q 生物科学	889	511	378		22.45	
R 医药、卫生	7195	3673	3522		-5.98	
S 农业科学	999	508	491		-15.55	
T 工业技术	12435	5344	7091		-3.93	
U 交通运输	2124	638	1486		-7.65	
V 航空、航天	89	55	34		-4.30	
X 环境科学	460	309	151		5.50	
Z 综合性图书	1148	668	480		14.80	
（二）不使用《中国标准书号》部分合计	1479	843	636		-10.04	
1. 图片	309	191	118		60.10	
2. 国标(GB)、部标(BB)等标准类文件印品	1010	589	421		-20.28	
3. 活页文选、活页歌篇、小件印品等	160	63	97		-13.04	

中央出版单位各类图书出版数量及与上年相比增减百分比（续表2）

（三）总印张

	本年图书总印张（千印张）				与上年相比增减（%）	
	合计	初版	重印	租型	合计	租型
图书总计	**26290309**	**10112055**	**16163489**	**14765**	**5.24**	**9.45**
（一）使用《中国标准书号》部分合计	26232728	10081213	16136750	14765	5.32	9.45
A 马克思主义、列宁主义、毛泽东思想	204801	19143	185658		-9.62	
B 哲学	592194	276295	315899		13.21	
C 社会科学总论	281740	121902	159838		-15.59	
D 政治、法律	2591243	2066464	524779		37.99	
E 军事	70326	50007	20319		-16.26	
F 经济	1940798	1059793	881005		-0.46	
G 文化、科学、教育、体育	10367520	2143628	8209127	14765	8.22	9.45
H 语言、文字	1958484	491503	1466981		-9.38	
I 文学	1696418	888630	807788		3.37	
J 艺术	545824	333395	212429		11.24	
K 历史、地理	978541	494721	483820		-1.31	
N 自然科学总论	34179	11337	22842		49.49	
O 数理科学、化学	467788	114054	353734		7.14	
P 天文学、地球科学	79529	49883	29646		7.54	
Q 生物科学	122538	47156	75382		6.64	
R 医药、卫生	1390412	693867	696545		-1.77	
S 农业科学	126352	61178	65174		-10.86	
T 工业技术	2262561	932123	1330438		-2.18	
U 交通运输	281644	75544	206100		-10.07	
V 航空、航天	14562	9267	5295		0.49	
X 环境科学	54867	33396	21471		-4.99	
Z 综合性图书	170407	107926	62481		17.48	
（二）不使用《中国标准书号》部分合计	57581	30842	26739		-22.03	
1. 图片	5873	2482	3391		64.65	
2. 国标(GB)、部标(BB)等标准类文件印品	46682	24406	22276		-16.40	
3. 活页文选、活页歌篇、小件印品等	5026	3954	1072		-65.20	

中央出版单位各类图书出版数量及与上年相比增减百分比（续表3）

（四）图书总定价

	图书总定价（万元）				
	合计	增减（%）	初版	重印	租型
图书总计	**5965734**	**9.16**	**2995337**	**2968922**	**1475**
（一）使用《中国标准书号》部分合计	5934245	9.40	2977449	2955321	1475
A 马克思主义、列宁主义、毛泽东思想	34459	-8.15	5869	28590	
B 哲学	179744	24.30	102172	77572	
C 社会科学总论	75469	-8.62	40679	34790	
D 政治、法律	584640	30.85	465927	118713	
E 军事	21150	-18.01	16281	4869	
F 经济	510836	0.86	314667	196169	
G 文化、科学、教育、体育	1656413	11.43	460633	1194305	1475
H 语言、文字	455472	2.57	134927	320545	
I 文学	429800	10.25	271438	158362	
J 艺术	258984	9.96	190379	68605	
K 历史、地理	346812	7.25	222594	124218	
N 自然科学总论	10838	43.02	4618	6220	
O 数理科学、化学	93662	8.15	27666	65996	
P 天文学、地球科学	34009	36.37	24381	9628	
Q 生物科学	38707	25.22	22377	16330	
R 医药、卫生	379026	3.84	228811	150215	
S 农业科学	38233	-5.23	23549	14684	
T 工业技术	588019	3.07	305360	282659	
U 交通运输	80057	-12.29	26507	53550	
V 航空、航天	6193	7.82	4564	1629	
X 环境科学	19567	17.07	14872	4695	
Z 综合性图书	92155	49.13	69178	22977	
（二）不使用《中国标准书号》部分合计	31489	-22.64	17888	13601	
1. 图片	3150	-11.47	2025	1125	
2. 国标(GB)、部标(BB)等标准类文件印品	26938	-22.35	15022	11916	
3. 活页文选、活页歌篇、小件印品等	1401	-42.91	841	560	

地方出版单位各类图书出版数量及与上年相比增减百分比

（一）种　数

	本版图书种数（种）			与上年相比增减（%）			租型图书种数（种）	与上年相比增（减%）
	合计	初版	重印	合计	初版	重印		
图书总计	**300183**	**155514**	**144669**	**6.57**	**2.21**	**11.68**	**11612**	**7.29**
（一）使用《中国标准书号》部分合计	299968	155436	144532	6.61	2.25	11.74	11612	7.29
A 马克思主义、列宁主义、毛泽东思想	324	220	104	31.17	23.60	50.72	10	
B 哲学	4247	2887	1360	12.74	9.44	20.46	1	
C 社会科学总论	2377	1570	807	14.17	16.38	10.10		-100.00
D 政治、法律	4945	3917	1028	8.68	8.56	9.13	46	820.00
E 军事	536	392	144	-4.46	0.26	-15.29		
F 经济	10557	6911	3646	5.83	6.23	5.10	1	-50.00
G 文化、科学、教育、体育	166302	66402	99900	6.75	-0.82	12.47	11475	6.49
H 语言、文字	9965	5057	4908	2.07	-4.60	10.00	4	
I 文学	39626	26399	13227	13.16	10.45	18.98	11	-8.33
J 艺术	18821	12893	5928	1.53	1.88	0.78	47	213.33
K 历史、地理	9906	7726	2180	6.69	3.61	19.26	2	
N 自然科学总论	425	210	215	-11.83	-30.92	20.79	1	
O 数理科学、化学	2728	1211	1517	2.33	1.59	2.92	1	
P 天文学、地球科学	1047	630	417	0.38	2.61	-2.80		
Q 生物科学	1534	994	540	5.28	6.54	3.05		-100.00
R 医药、卫生	8120	6009	2111	-1.14	-0.69	-2.40	4	100.00
S 农业科学	1959	1345	614	10.30	0.90	38.60	3	-25.00
T 工业技术	11408	7006	4402	-1.55	-5.41	5.29		-100.00
U 交通运输	1451	882	569	7.08	5.76	9.21		
V 航空、航天	156	95	61	11.43	25.00	-4.69		
X 环境科学	748	600	148	12.82	12.15	15.63		
Z 综合性图书	2786	2080	706	15.08	15.30	14.42	6	
（二）不使用《中国标准书号》部分合计	215	78	137	-31.31	-38.58	-26.34		
1. 图片	215	78	137	-31.31	-38.58	-26.34		
2. 国标(GB)、部标(BB)等标准类文件印品								
3. 活页文选、活页歌篇、小件印品等								

地方出版单位各类图书出版数量及与上年相比增减百分比（续表1）

（二）总印数

	本年图书总印数（万册、张）				与上年相比增减（%）	
	合计	初版	重印	租型	合计	租型
图书总计	**662467**	**157007**	**354663**	**150797**	**2.84**	**-2.22**
（一）使用《中国标准书号》部分合计	662082	156732	354553	150797	2.86	-2.22
A 马克思主义、列宁主义、毛泽东思想	360	180	37	143	328.57	
B 哲学	2446	1476	965	5	-3.81	
C 社会科学总论	982	542	440		11.46	-100.00
D 政治、法律	3817	2243	1114	460	47.37	922.22
E 军事	426	203	223		13.00	
F 经济	3676	2170	1506		-1.71	-100.00
G 文化、科学、教育、体育	557139	103868	303184	150087	1.27	-2.64
H 语言、文字	8600	2778	5799	23	6.28	
I 文学	50742	25036	25685	21	19.12	320.00
J 艺术	13396	6803	6581	12	7.21	71.43
K 历史、地理	5210	3190	2012	8	-3.48	700.00
N 自然科学总论	304	89	200	15	-17.39	
O 数理科学、化学	1535	558	977		21.92	
P 天文学、地球科学	678	290	388		12.81	
Q 生物科学	1154	603	551		-2.37	-100.00
R 医药、卫生	3847	2348	1498	1	-2.66	
S 农业科学	778	402	371	5	4.43	-44.44
T 工业技术	4068	2404	1664		1.42	
U 交通运输	572	380	192		16.26	
V 航空、航天	65	31	34		-12.16	
X 环境科学	386	244	142		-12.87	
Z 综合性图书	1901	895	989	17	22.49	
（二）不使用《中国标准书号》部分合计	385	275	110		-28.57	
1. 图片	104	69	35		-27.78	
2. 国标(GB)、部标(BB)等标准类文件印品	9	8	1		-93.02	
3. 活页文选、活页歌篇、小件印品等	272	198	74		2.26	

地方出版单位各类图书出版数量及与上年相比增减百分比（续表2）

（三）总印张

	本年图书总印张（千印张）				与上年相比增减（%）	
	合计	初版	重印	租型	合计	租型
图书总计	**51430793**	**14051463**	**26328737**	**11050593**	**4.25**	**0.15**
（一）使用《中国标准书号》部分合计	51413936	14038857	26324486	11050593	4.26	0.15
A 马克思主义、列宁主义、毛泽东思想	40562	25475	4673	10414	202.30	
B 哲学	332830	204821	127584	425	10.03	
C 社会科学总论	148564	79928	68636		6.53	-100.00
D 政治、法律	409627	247679	111911	50037	27.45	9559.65
E 军事	50368	28212	22156		2.03	
F 经济	590030	337673	252349	8	-3.03	-97.87
G 文化、科学、教育、体育	40462179	8376518	21104055	10981606	3.04	-0.45
H 语言、文字	1070761	320998	748059	1704	5.92	
I 文学	4794684	2415337	2377783	1564	14.51	77.32
J 艺术	982286	516154	465257	875	5.00	292.38
K 历史、地理	708869	470763	237244	862	3.96	1361.02
N 自然科学总论	32668	9254	22164	1250	-9.13	
O 数理科学、化学	174422	64756	109625	41	9.30	192.86
P 天文学、地球科学	63329	27353	35976		5.45	
Q 生物科学	97405	44181	53224		-6.85	-100.00
R 医药、卫生	483143	321091	161951	101	0.43	77.19
S 农业科学	69849	38952	30616	281	7.32	-23.22
T 工业技术	567234	322216	245018		1.23	-100.00
U 交通运输	72325	47331	24994		7.44	
V 航空、航天	8202	4253	3949		8.41	
X 环境科学	32387	20307	12080		19.70	
Z 综合性图书	222212	115606	105181	1425	-0.95	
（二）不使用《中国标准书号》部分合计	16857	12606	4251		-29.80	
1. 图片	4635	2735	1900		-11.48	
2. 国标(GB)、部标(BB)等标准类文件印品	339	289	50		-85.05	
3. 活页文选、活页歌篇、小件印品等	11883	9582	2301		-28.03	

地方出版单位各类图书出版数量及与上年相比增减百分比（续表3）

（四）图书总定价

	图书总定价（万元）				
	合计	增减（%）	初版	重印	租型
图书总计	**9843864**	**5.90**	**3818812**	**4861489**	**1163563**
（一）使用《中国标准书号》部分合计	9838556	5.92	3814942	4860051	1163563
A 马克思主义、列宁主义、毛泽东思想	9470	213.26	6562	1060	1848
B 哲学	90272	6.44	59288	30896	88
C 社会科学总论	40258	11.63	24216	16042	
D 政治、法律	104908	33.06	72645	21074	11189
E 军事	11547	-2.36	7178	4369	
F 经济	156203	-0.83	102273	53928	2
G 文化、科学、教育、体育	6672778	3.64	1898878	3625069	1148831
H 语言、文字	235973	6.43	84307	151468	198
I 文学	1240266	19.83	675340	564574	352
J 艺术	440935	5.94	310496	130235	204
K 历史、地理	272009	16.40	214154	57688	167
N 自然科学总论	9540	-10.04	3671	5619	250
O 数理科学、化学	43044	27.31	19012	24026	6
P 天文学、地球科学	23687	33.72	10670	13017	
Q 生物科学	32831	-8.74	19666	13165	
R 医药、卫生	147926	1.56	102581	45317	28
S 农业科学	22011	-1.50	15052	6900	59
T 工业技术	168029	-1.58	110267	57762	
U 交通运输	19749	14.21	12945	6804	
V 航空、航天	2660	1.72	1740	920	
X 环境科学	10427	13.93	7231	3196	
Z 综合性图书	84033	-20.28	56770	26922	341
（二）不使用《中国标准书号》部分合计	5308	-26.87	3870	1438	
1. 图片	3262	37.52	2417	845	
2. 国标(GB)、部标(BB)等标准类文件印品	308	-59.21	261	47	
3. 活页文选、活页歌篇、小件印品等	1738	-57.93	1192	546	

全国出版图书用纸量

	图书总计		书　籍		课　本		图　片		附　录	
	印张数（千印张）	合吨数（吨）	印张数（千印张）	合吨数（吨）	印张数（千印张）	合吨数（吨）	印张数（千印张）	合吨数（吨）	印张数（千印张）	合吨数（吨）
全　国	77721102	1826596	51395878	1207803	26250786	616893	10508	397	63930	1502
中　央	26290309	617906	16801784	394842	9430944	221627	5873	222	51708	1215
地　方	51430793	1208690	34594094	812961	16819842	395266	4635	175	12222	287

注：从 1982 年开始，书籍、课本、附录按每千印张 0.0235 吨计算，图片按每千印张 0.0378 吨计算。

全国出版图书用纸量与上年相比增减百分比

	图书总计		书　籍		课　本		图　片		附　录	
	印张数	吨数	印张数	吨数	印张数	吨数	印张数	吨数	印张数	吨数
全　国	4.58	4.58	7.27	7.27	-0.22	-0.22	19.37	19.22	-28.22	-28.24
中　央	5.24	5.24	8.53	8.53	0.04	0.04	64.65	64.44	-26.43	-26.45
地　方	4.25	4.24	6.67	6.67	-0.37	-0.37	-11.48	-11.62	-34.91	-34.92

使用《中国标准书号》图书出版数量中各类图书所占百分比

	种数		租型种数	总印数		总印张		定价总金额	
	合计	初版		合计	租型	合计	租型	合计	租型
使用《中国标准书号》部分合计	**100.00**	**100.00**	**100.00**	**100.00**	**100.00**	**100.00**	**100.00**	**100.00**	**100.00**
A 马克思主义、列宁主义、毛泽东思想	0.15	0.18	0.09	0.17	0.10	0.32	0.09	0.28	0.16
B 哲学	1.96	2.37	0.01	0.73		1.19		1.71	0.01
C 社会科学总论	1.15	1.31		0.29		0.55		0.73	
D 政治、法律	3.81	5.42	0.40	3.25	0.30	3.86	0.45	4.37	0.96
E 军事	0.31	0.42		0.10		0.16		0.21	
F 经济	6.85	7.76	0.01	1.76		3.26		4.23	
G 文化、科学、教育、体育	40.55	31.63	98.82	75.71	99.53	65.46	99.38	52.81	98.74
H 语言、文字	4.41	3.79	0.03	2.38	0.02	3.90	0.02	4.38	0.02
I 文学	10.91	14.24	0.09	7.14	0.01	8.36	0.01	10.59	0.03
J 艺术	5.51	7.07	0.40	2.13	0.01	1.97	0.01	4.44	0.02
K 历史、地理	3.74	5.13	0.02	1.45	0.01	2.18	0.01	3.93	0.01
N 自然科学总论	0.16	0.15	0.01	0.06	0.01	0.09	0.01	0.13	0.02
O 数理科学、化学	1.77	1.14	0.01	0.46		0.83		0.87	
P 天文学、地球科学	0.55	0.68		0.14		0.18		0.37	
Q 生物科学	0.68	0.73		0.23		0.28		0.45	
R 医药、卫生	4.31	5.18	0.03	1.22		2.41		3.34	
S 农业科学	1.03	1.17	0.03	0.20		0.25		0.38	0.01
T 工业技术	9.63	8.66		1.83		3.64		4.79	
U 交通运输	1.13	1.01		0.30		0.46		0.63	
V 航空、航天	0.11	0.13		0.02		0.03		0.06	
X 环境科学	0.45	0.61		0.09		0.11		0.19	
Z 综合性图书	0.83	1.19	0.05	0.34	0.01	0.51	0.01	1.12	0.03

全国各地区图书出版总量

	图书总计											
	种数（种）		租型种数（种）	总印数（万册、张）			总印张（千印张）			定价总金额（万元）		
	合计	初版		合计	初版	租型	合计	初版	租型	合计	初版	租型
全国总计	**499884**	**262415**	**11629**	**903682**	**240835**	**150995**	**77721102**	**24163518**	**11065358**	**15809598**	**6814149**	**1165038**
中　　央	**199701**	**106901**	**17**	**241215**	**83828**	**198**	**26290309**	**10112055**	**14765**	**5965734**	**2995337**	**1475**
地　　方	**300183**	**155514**	**11612**	**662467**	**157007**	**150797**	**51430793**	**14051463**	**11050593**	**9843864**	**3818812**	**1163563**
北　　京	13712	7310		28144	8122		2389696	884281		564823	244244	
天　　津	6789	4507	204	6425	2397	1077	561438	239837	79475	165854	92618	8382
河　　北	9263	3254	418	26865	4709	6988	2040127	389031	536306	350303	97278	54281
山　　西	3513	2264	263	9860	3198	3571	980272	465006	274185	168369	86793	29378
内 蒙 古	3249	1791	384	6172	943	3347	503711	108257	278045	75862	32415	28742
辽　　宁	10385	4993	308	14758	3944	2816	1176157	339229	216463	229012	88046	21550
吉　　林	26919	16516	557	23922	8944	3664	1927029	778890	266275	424882	214075	30475
黑 龙 江	7336	5541	533	7694	2119	3226	666381	208594	240209	118962	50619	26811
上　　海	27481	13907	4	41806	16656	54	3612034	1312898	3391	916221	479231	832
江　　苏	27569	13647	472	62656	14880	9492	4513855	1275563	650544	856653	350028	69648
浙　　江	14165	6853	485	39900	9676	8048	2911230	778742	587076	576972	222647	62665
安　　徽	9441	5212	703	24892	7442	6300	1827684	526764	481036	354293	144881	54093
福　　建	3954	2620	200	9710	2310	3309	793481	240883	246575	143426	63506	23827
江　　西	7491	4345	224	21423	4890	6028	1439798	377884	488612	271533	101981	45713
山　　东	15925	5618	887	53037	6518	13186	3500830	501195	738029	593363	145342	92485
河　　南	8588	4598	278	24608	3943	9647	1930044	303953	766329	278925	80848	72715
湖　　北	15105	7911	449	27044	8669	6247	2236384	834961	448153	480284	235516	51923
湖　　南	12618	5137	446	51704	13917	10205	3932076	1213374	665629	739615	257020	76003
广　　东	10841	6367	147	31196	4684	7010	2419153	488720	553430	383020	136559	50319
广　　西	7406	3067	549	29197	4082	7768	2075167	328362	601279	346993	91589	59774
海　　南	3797	1483	204	5717	1233	999	424989	115278	69825	82891	29755	8305
重　　庆	5685	2195	249	12751	2202	2702	887150	190155	182414	162977	47827	23471
四　　川	10878	6332	470	24296	4699	6932	1967670	463183	516881	327175	119804	55867
贵　　州	1013	742	612	8823	589	7320	660392	55681	549237	83357	14745	55731
云　　南	8563	4436	314	15244	3457	5477	1335854	384523	449002	222941	86451	42638
西　　藏	588	260	324	1497	85	856	108359	13110	61069	15576	3419	7325
陕　　西	10284	5271	559	19304	3953	4693	1688853	425824	376345	341364	114863	35842
甘　　肃	3484	2149	250	7541	2079	2994	611132	184402	231694	96423	35973	21654
青　　海	613	306	223	1030	90	699	87068	10552	54075	11266	4233	5196
宁　　夏	3098	1645	192	4552	1139	800	462796	122354	60127	95490	31668	7098
新　　疆	9975	4846	704	20316	5181	5342	1717187	461584	378883	351496	105421	40820
兵　　团	455	391		383	257		42796	28393		13543	9417	

全国各地区各类图书出版数量

	（一）使用《中国标准书号》部分合计											
	种数（种）		租型种数（种）	总印数（万册、张）			总印张（千印张）			定价总金额（万元）		
	合计	初版		合计	初版	租型	合计	初版	租型	合计	初版	租型
全国总计	**499439**	**262210**	**11629**	**901818**	**239717**	**150995**	**77646664**	**24120070**	**11065358**	**15772801**	**6792391**	**1165038**
中　　央	**199471**	**106774**	**17**	**239736**	**82985**	**198**	**26232728**	**10081213**	**14765**	**5934245**	**2977449**	**1475**
地　　方	**299968**	**155436**	**11612**	**662082**	**156732**	**150797**	**51413936**	**14038857**	**11050593**	**9838556**	**3814942**	**1163563**
北　　京	13705	7309		28142	8122		2389576	884257		564670	244168	
天　　津	6789	4507	204	6425	2397	1077	561438	239837	79475	165854	92618	8382
河　　北	9263	3254	418	26865	4709	6988	2040127	389031	536306	350303	97278	54281
山　　西	3513	2264	263	9860	3198	3571	980272	465006	274185	168369	86793	29378
内 蒙 古	3249	1791	384	6172	943	3347	503711	108257	278045	75862	32415	28742
辽　　宁	10383	4993	308	14758	3944	2816	1176151	339229	216463	229009	88046	21550
吉　　林	26919	16516	557	23922	8944	3664	1927029	778890	266275	424882	214075	30475
黑 龙 江	7336	5541	533	7694	2119	3226	666381	208594	240209	118962	50619	26811
上　　海	27461	13896	4	41797	16650	54	3611923	1312807	3391	916038	479135	832
江　　苏	27473	13628	472	62416	14676	9492	4502147	1266104	650544	854527	348607	69648
浙　　江	14084	6807	485	39832	9619	8048	2908515	776690	587076	574662	220595	62665
安　　徽	9441	5212	703	24892	7442	6300	1827684	526764	481036	354293	144881	54093
福　　建	3954	2620	200	9710	2310	3309	793481	240883	246575	143426	63506	23827
江　　西	7491	4345	224	21423	4890	6028	1439798	377884	488612	271533	101981	45713
山　　东	15925	5618	887	53037	6518	13186	3500830	501195	738029	593363	145342	92485
河　　南	8588	4598	278	24608	3943	9647	1930044	303953	766329	278925	80848	72715
湖　　北	15105	7911	449	27044	8669	6247	2236384	834961	448153	480284	235516	51923
湖　　南	12618	5137	446	51698	13912	10205	3931283	1212635	665629	739436	256853	76003
广　　东	10840	6367	147	31195	4684	7010	2419143	488720	553430	383018	136559	50319
广　　西	7404	3067	549	29197	4082	7768	2075092	328362	601279	346972	91589	59774
海　　南	3797	1483	204	5665	1233	999	424158	115278	69825	82698	29755	8305
重　　庆	5685	2195	249	12751	2202	2702	887150	190155	182414	162977	47827	23471
四　　川	10878	6332	470	24296	4699	6932	1967670	463183	516881	327175	119804	55867
贵　　州	1013	742	612	8823	589	7320	660392	55681	549237	83357	14745	55731
云　　南	8557	4435	314	15238	3455	5477	1335701	384402	449002	222899	86425	42638
西　　藏	588	260	324	1497	85	856	108359	13110	61069	15576	3419	7325
陕　　西	10284	5271	559	19303	3953	4693	1688631	425723	376345	341291	114834	35842
甘　　肃	3484	2149	250	7541	2079	2994	611132	184402	231694	96423	35973	21654
青　　海	613	306	223	1030	90	699	87068	10552	54075	11266	4233	5196
宁　　夏	3098	1645	192	4552	1139	800	462796	122354	60127	95490	31668	7098
新　　疆	9975	4846	704	20315	5180	5342	1717075	461565	378883	351474	105417	40820
兵　　团	455	391		383	257		42796	28393		13543	9417	

全国各地区各类图书出版数量（续表1）

	A 马克思主义、列宁主义、毛泽东思想											
	种数（种）		租型种数（种）	总印数（万册、张）			总印张（千印张）			定价总金额（万元）		
	合计	初版		合计	初版	租型	合计	初版	租型	合计	初版	租型
全国总计	**743**	**483**	**10**	**1555**	**290**	**143**	**245363**	**44618**	**10414**	**43929**	**12431**	**1848**
中　　央	**419**	**263**		**1195**	**110**		**204801**	**19143**		**34459**	**5869**	
地　　方	**324**	**220**	**10**	**360**	**180**	**143**	**40562**	**25475**	**10414**	**9470**	**6562**	**1848**
北　　京	15	11		5	1		428	172		138	75	
天　　津	4	1		1			141	14		26	6	
河　　北	7	7		113	113		15984	15983		4313	4313	
山　　西	2	2		1	1		211	211		61	61	
内 蒙 古	2	1		1			177	2		21	1	
辽　　宁	25	14	6	36	3	30	2591	605	1505	427	162	167
吉　　林	51	30		14	9		1911	1386		424	321	
黑 龙 江	9	6		1	1		175	84		38	23	
上　　海	16	11		4	3		662	415		192	129	
江　　苏	34	23		14	10		1787	1266		382	284	
浙　　江	8	7	4	118	5	113	9402	484	8909	1798	116	1681
安　　徽	11	9		2	1		343	265		75	61	
福　　建	4	2		1	1		193	170		37	34	
江　　西	8	7		2	2		395	377		76	72	
山　　东	12	10		3	2		370	184		125	73	
河　　南	4	2		1			116	9		24	4	
湖　　北	14	11		4	1		596	157		112	34	
湖　　南	6	3		2	1		214	110		115	23	
广　　东	35	16		14	6		816	264		238	72	
广　　西	7	5		2			246	94		143	105	
海　　南												
重　　庆	2	1					56	40		10	7	
四　　川	24	20		8	6		1318	870		303	215	
贵　　州												
云　　南	2	2					111	111		36	36	
西　　藏	2	2		2	2		377	377		35	35	
陕　　西	18	15		12	11		1900	1784		311	290	
甘　　肃	2	2					41	41		10	10	
青　　海												
宁　　夏												
新　　疆												
兵　　团												

全国各地区各类图书出版数量（续表2）

	B 哲学											
	种数（种）		租型种数（种）	总印数（万册、张）			总印张（千印张）			定价总金额（万元）		
	合计	初版		合计	初版	租型	合计	初版	租型	合计	初版	租型
全国总计	**9796**	**6221**	**1**	**6575**	**3350**	**5**	**925024**	**481116**	**425**	**270016**	**161460**	**88**
中　央	**5549**	**3334**		**4129**	**1874**		**592194**	**276295**		**179744**	**102172**	
地　方	**4247**	**2887**	**1**	**2446**	**1476**	**5**	**332830**	**204821**	**425**	**90272**	**59288**	**88**
北　京	300	242		207	135		31824	19639		7829	5194	
天　津	115	86		157	73		17331	6753		4703	2016	
河　北	2	1	1	8		5	976	7	425	185	1	88
山　西	59	45		21	13		2698	1753		839	572	
内蒙古	23	17		3	2		559	306		186	144	
辽　宁	97	66		41	24		5765	3292		1186	698	
吉　林	283	176		139	80		20100	11746		5415	3562	
黑龙江	152	143		32	30		3601	3346		1151	1096	
上　海	865	499		412	215		67664	38482		17650	10261	
江　苏	400	279		326	267		40687	32786		10935	9116	
浙　江	123	72		97	42		13268	6341		4096	2166	
安　徽	73	55		24	15		3871	2522		820	559	
福　建	67	52		46	32		5173	3636		1482	1198	
江　西	108	95		83	64		9811	7813		2447	2081	
山　东	110	74		74	30		8651	4071		2769	1661	
河　南	165	110		65	33		7308	4463		2261	1692	
湖　北	233	124		107	54		13717	6673		3663	2141	
湖　南	32	25		22	6		3007	741		563	254	
广　东	214	180		114	89		18242	14982		4468	3530	
广　西	153	87		155	50		13032	5157		4573	1929	
海　南	70	31		36	14		6582	2261		1422	543	
重　庆	44	26		14	9		1662	978		524	353	
四　川	162	126		124	113		14932	12963		4652	4202	
贵　州	39	26		7	4		929	678		464	390	
云　南	26	24		6	6		838	771		332	317	
西　藏	52	41		18	12		2876	2582		780	711	
陕　西	148	72		46	21		7881	3285		2466	1207	
甘　肃	32	30		33	21		6416	4483		1486	969	
青　海	20	10		5	2		707	316		181	116	
宁　夏	12	10		4	3		736	428		222	167	
新　疆	66	61		20	17		1865	1448		489	409	
兵　团	2	2		1	1		120	120		34	34	

全国各地区各类图书出版数量（续表3）

	C 社会科学总论											
	种数（种）		租型种数（种）	总印数（万册、张）			总印张（千印张）			定价总金额（万元）		
	合计	初版		合计	初版	租型	合计	初版	租型	合计	初版	租型
全国总计	**5729**	**3438**		**2650**	**1252**		**430304**	**201830**		**115727**	**64895**	
中　　央	**3352**	**1868**		**1668**	**710**		**281740**	**121902**		**75469**	**40679**	
地　　方	**2377**	**1570**		**982**	**542**		**148564**	**79928**		**40258**	**24216**	
北　　京	99	70		55	33		7800	4510		1829	1229	
天　　津	53	32		40	27		5630	3521		1489	1044	
河　　北	38	38		19	19		3153	3153		869	869	
山　　西	14	9		7	4		1242	870		346	265	
内 蒙 古	20	12		11	2		1775	218		341	65	
辽　　宁	188	76		49	14		7816	2061		1738	548	
吉　　林	77	65		39	28		5643	4308		1829	1438	
黑 龙 江	44	40		7	6		1260	1000		281	234	
上　　海	356	198		173	71		32743	12375		7603	3242	
江　　苏	185	121		141	80		18065	9358		5815	3711	
浙　　江	230	117		100	36		14123	5485		4411	1789	
安　　徽	29	16		7	4		1114	627		279	181	
福　　建	26	22		9	9		1282	1219		338	324	
江　　西	23	21		14	13		1784	1755		510	505	
山　　东	156	117		41	23		5314	3720		1935	1399	
河　　南	37	33		13	12		1744	1524		465	431	
湖　　北	179	123		57	37		7676	4314		1851	1211	
湖　　南	49	39		12	8		1810	1220		465	343	
广　　东	112	76		33	21		5621	3816		1455	1106	
广　　西	44	32		45	17		5923	2825		1827	979	
海　　南	21	14		9	5		2006	1235		414	244	
重　　庆	59	17		17	5		2591	685		682	226	
四　　川	114	81		25	18		4036	2766		1146	890	
贵　　州	13	13		2	2		361	361		90	90	
云　　南	104	103		14	14		2788	2767		1061	1056	
西　　藏	2	2					47	47		10	10	
陕　　西	60	42		16	9		2414	1537		713	352	
甘　　肃	23	21		23	22		2358	2294		319	303	
青　　海	8	7		1			130	76		28	19	
宁　　夏	7	7		2	2		238	238		86	86	
新　　疆	6	5		2	2		73	39		33	27	
兵　　团	1	1					5	5		1	1	

全国各地区各类图书出版数量（续表4）

	D 政治、法律											
	种数（种）		租型种数（种）	总印数（万册、张）			总印张（千印张）			定价总金额（万元）		
	合计	初版		合计	初版	租型	合计	初版	租型	合计	初版	租型
全国总计	**19015**	**14205**	**46**	**29297**	**21536**	**460**	**3000870**	**2314143**	**50037**	**689548**	**538572**	**11189**
中　　央	**14070**	**10288**		**25480**	**19293**		**2591243**	**2066464**		**584640**	**465927**	
地　　方	**4945**	**3917**	**46**	**3817**	**2243**	**460**	**409627**	**247679**	**50037**	**104908**	**72645**	**11189**
北　　京	152	129		317	291		29985	27713		6800	6324	
天　　津	139	108	3	68	52	6	10962	7865	1561	3351	2720	278
河　　北	30	27	4	36	8	24	6062	791	4890	1172	170	926
山　　西	58	54	3	32	16	9	5498	2500	2341	1381	815	417
内 蒙 古	67	65		31	28		4713	4499		1508	1484	
辽　　宁	168	130		53	38		8765	6140		2024	1515	
吉　　林	344	233		70	27		8404	4130		2210	1165	
黑 龙 江	104	94		37	34		4622	4217		1088	1008	
上　　海	787	613	4	357	180	54	53937	28653	3391	13947	8680	832
江　　苏	394	273	3	330	220	30	35892	22476	6006	11506	8302	1391
浙　　江	200	150		147	108		15413	10397		3394	2465	
安　　徽	68	55		23	20		3065	2528		784	682	
福　　建	159	131	3	120	76	12	16492	8511	3104	4440	2717	556
江　　西	76	73		48	38		6342	4882		1446	1228	
山　　东	122	105	4	124	52	61	15637	4290	10567	4455	1409	2784
河　　南	158	134	2	96	64	17	11016	7479	1465	2946	2286	255
湖　　北	347	259	2	417	96	176	25131	10689	4785	6268	3650	1266
湖　　南	164	126		209	164		14032	10972		3657	2984	
广　　东	352	275		330	110		32638	17020		7836	4866	
广　　西	139	100	4	359	300	24	28801	20585	3259	7110	5419	599
海　　南	26	23		7	5		1048	721		307	219	
重　　庆	22	13	3	13	3	8	2453	524	1629	563	125	380
四　　川	292	208	4	135	72	16	20880	12111	3367	5147	3324	698
贵　　州	30	30		5	5		750	750		469	469	
云　　南	178	174	3	72	52	15	10105	6909	3002	3576	2820	696
西　　藏	23	21	3	10	8	2	1268	785	385	342	253	70
陕　　西	211	184	1	321	129	5	27965	12451	285	5001	3475	42
甘　　肃	42	41		15	15		2861	2828		818	808	
青　　海	11	11		1	1		309	309		72	72	
宁　　夏	37	36		22	20		3079	2628		674	609	
新　　疆	23	20		8	6		791	615		203	169	
兵　　团	22	22		4	4		712	712		414	414	

全国各地区各类图书出版数量（续表5）

	E 军事											
	种数（种）		租型种数（种）	总印数（万册、张）			总印张（千印张）			定价总金额（万元）		
	合计	初版		合计	初版	租型	合计	初版	租型	合计	初版	租型
全国总计	**1548**	**1112**		**858**	**508**		**120694**	**78219**		**32697**	**23459**	
中　央	**1012**	**720**		**432**	**305**		**70326**	**50007**		**21150**	**16281**	
地　方	**536**	**392**		**426**	**203**		**50368**	**28212**		**11547**	**7178**	
北　京	29	16		39	11		4339	1432		827	305	
天　津	5	3		1	1		229	211		44	40	
河　北	1	1					85	85		20	20	
山　西	10	7		3	2		453	329		92	72	
内蒙古	1	1					39	39		19	19	
辽　宁	16	13		5	3		782	560		161	125	
吉　林	68	46		35	22		4137	2721		1379	871	
黑龙江	61	60		25	23		3127	2913		651	623	
上　海	41	26		16	10		2599	1685		795	627	
江　苏	20	15		74	38		6887	5213		1417	1052	
浙　江	17	13		39	7		2352	470		399	150	
安　徽	20	18		20	15		3173	2346		679	544	
福　建	9	8		15	6		3056	825		524	176	
江　西	20	11		14	7		1367	689		306	186	
山　东	17	11		49	3		4339	617		947	221	
河　南	21	10		13	7		1549	951		352	222	
湖　北	47	30		23	14		3214	1882		864	570	
湖　南	28	23		11	8		1990	1558		450	361	
广　东	31	25		17	12		2763	1980		674	497	
广　西	14	10		4	1		790	241		201	83	
海　南	1	1					4	4		1	1	
重　庆	1			1			203			45		
四　川	15	10		6	3		714	450		174	113	
贵　州	10	10		2	2		134	134		32	32	
云　南	1	1					2	2		12	12	
西　藏												
陕　西	23	14		12	4		1698	533		372	146	
甘　肃	1	1		1	1		52	52		12	12	
青　海												
宁　夏	1	1		1	1		143	143		59	59	
新　疆	1	1					1	1		5	5	
兵　团	6	6		1	1		146	146		34	34	

全国各地区各类图书出版数量（续表6）

	F 经济											
	种数（种）		租型种数（种）	总印数（万册、张）			总印张（千印张）			定价总金额（万元）		
	合计	初版		合计	初版	租型	合计	初版	租型	合计	初版	租型
全国总计	**34225**	**20352**	**1**	**15907**	**9421**		**2530828**	**1397466**	**8**	**667039**	**416940**	**2**
中　央	**23668**	**13441**		**12231**	**7251**		**1940798**	**1059793**		**510836**	**314667**	
地　方	**10557**	**6911**	**1**	**3676**	**2170**		**590030**	**337673**	**8**	**156203**	**102273**	**2**
北　京	525	356		249	193		43028	33988		10950	9170	
天　津	249	163		64	33		10425	5333		2738	1705	
河　北	50	34		19	4		1822	582		432	179	
山　西	136	123		42	37		7159	6406		2699	2543	
内蒙古	29	27		5	5		1037	1017		349	346	
辽　宁	1002	353		375	73		68069	13111		13635	3730	
吉　林	468	443		96	81		13752	11975		3492	3122	
黑龙江	184	139		32	25		5927	4672		2582	2367	
上　海	2385	1496		996	557		177382	96969		41978	26081	
江　苏	785	490		214	123		32850	17891		8795	5499	
浙　江	446	258		207	88		31928	14081		10507	4919	
安　徽	172	118		46	32		7553	5454		2218	1795	
福　建	210	156		66	48		10425	7415		3353	2627	
江　西	113	93		30	27		4930	4479		1184	1096	
山　东	156	127		35	28		4987	4001		2343	2021	
河　南	191	145		55	40		7025	5215		2248	1802	
湖　北	713	415		303	206		31373	17591		9536	5887	
湖　南	186	126		40	24		6534	3676		1845	1252	
广　东	710	522	1	266	214		36357	27600	8	10067	8123	2
广　西	150	111		48	30		9212	5637		3619	2709	
海　南	48	37		19	11		4203	2165		984	603	
重　庆	170	83		39	21		6460	3342		1450	803	
四　川	893	576		320	178		48887	29098		13144	8442	
贵　州	25	25		3	3		654	654		182	182	
云　南	118	116		24	24		4580	4548		1819	1812	
西　藏	18	17		3	3		349	327		81	76	
陕　西	312	257		60	45		9510	7008		2500	1962	
甘　肃	23	22		3	3		584	548		248	241	
青　海	10	10		1	1		345	345		80	80	
宁　夏	31	30		5	5		1130	1105		339	329	
新　疆	15	9		6	4		616	503		156	122	
兵　团	34	34		4	4		938	938		649	649	

全国各地区各类图书出版数量（续表7）

	G 文化、科学、教育、体育											
	种数（种）		租型种数（种）	总印数（万册、张）			总印张（千印张）			定价总金额（万元）		
	合计	初版		合计	初版	租型	合计	初版	租型	合计	初版	租型
全国总计	**202536**	**82951**	**11492**	**682823**	**126131**	**150285**	**50829699**	**10520146**	**10996371**	**8329191**	**2359511**	**1150306**
中　　央	**36234**	**16549**	**17**	**125684**	**22263**	**198**	**10367520**	**2143628**	**14765**	**1656413**	**460633**	**1475**
地　　方	**166302**	**66402**	**11475**	**557139**	**103868**	**150087**	**40462179**	**8376518**	**10981606**	**6672778**	**1898878**	**1148831**
北　　京	6698	2505		19066	3856		1363975	385876		302120	95319	
天　　津	2088	1099	201	3296	763	1071	265964	61371	77915	62383	24050	8104
河　　北	7822	2280	400	25228	3992	6913	1887192	296784	527105	295322	63037	52445
山　　西	2031	1040	260	9264	2777	3562	894665	401823	271844	131315	54954	28961
内 蒙 古	1938	672	384	5810	649	3347	448276	62549	278045	54690	13127	28742
辽　　宁	4352	1749	302	11436	2687	2786	805572	193865	214958	129914	40146	21383
吉　　林	17257	9107	557	18611	5493	3664	1443962	466816	266275	286027	114799	30475
黑 龙 江	3433	2370	533	6864	1471	3226	552717	125184	240209	84794	21837	26811
上　　海	9117	3635		28721	11615		1842836	647685		469024	259165	
江　　苏	16452	6446	469	54217	9657	9462	3631096	763942	644538	592573	168775	68257
浙　　江	7347	2788	445	30728	5283	7927	2084621	372611	577716	336315	81933	60877
安　　徽	5757	2870	693	21120	5425	6298	1514665	372873	481034	258799	85276	54063
福　　建	1778	867	197	8481	1472	3297	660410	149172	243471	97324	27364	23271
江　　西	3758	1843	224	15295	2501	6028	1029312	176134	488612	147243	38839	45713
山　　东	11354	2582	880	47924	4110	13102	3055269	288719	725473	463396	72880	89455
河　　南	4320	1597	267	22406	2674	9612	1721985	167876	763511	206912	28655	72152
湖　　北	7014	3007	447	21952	5852	6072	1627538	503957	443368	312486	129787	50657
湖　　南	8467	2723	446	46082	11305	10205	3314410	925919	665629	569201	168300	76003
广　　东	5111	1978	143	27363	2656	7004	2036287	242677	553141	258559	45822	50258
广　　西	4072	1046	543	24377	1733	7743	1660872	142486	597955	212576	24931	59153
海　　南	2718	801	204	4977	866	999	337630	68611	69825	56525	14746	8305
重　　庆	2710	658	246	10045	1173	2694	622759	79263	180785	97047	13852	23092
四　　川	4652	2031	466	20393	2321	6916	1531216	190963	513514	208716	40519	55169
贵　　州	359	211	612	8491	377	7320	625438	31655	549237	66211	4619	55731
云　　南	6192	2407	311	14397	2888	5462	1221086	301727	446000	183088	52568	41943
西　　藏	261	27	321	1388	17	854	92731	1445	60684	11638	353	7256
陕　　西	5447	1905	555	17001	2780	4687	1429603	274427	375982	256884	65245	35788
甘　　肃	2361	1238	250	7012	1713	2994	547272	136332	231694	77784	21514	21654
青　　海	301	29	223	941	10	699	76034	1067	54075	7051	272	5196
宁　　夏	2435	1005	192	4359	960	800	435269	96836	60127	87897	24450	7098
新　　疆	8415	3665	704	19548	4570	5342	1664214	422975	378883	338041	94948	40820
兵　　团	285	221		347	221		37302	22899		10923	6797	

全国各地区各类图书出版数量（续表8）

	H语言、文字											
	种数（种）		租型种数（种）	总印数（万册、张）			总印张（千印张）			定价总金额（万元）		
	合计	初版		合计	初版	租型	合计	初版	租型	合计	初版	租型
全国总计	**22021**	**9937**	**4**	**21444**	**6073**	**23**	**3029245**	**812501**	**1704**	**691445**	**219234**	**198**
中　央	**12056**	**4880**		**12844**	**3295**		**1958484**	**491503**		**455472**	**134927**	
地　方	**9965**	**5057**	**4**	**8600**	**2778**	**23**	**1070761**	**320998**	**1704**	**235973**	**84307**	**198**
北　京	454	193		768	162		82916	23672		16550	5282	
天　津	237	132		88	48		11268	5692		3129	1518	
河　北	81	20	2	239	18	3	16839	983	137	3144	540	19
山　西	29	18		15	5		2237	857		381	203	
内蒙古	60	38		17	4		3009	946		594	300	
辽　宁	609	288		304	132		35941	15535		8695	3820	
吉　林	944	706		356	160		26877	17242		8643	5073	
黑龙江	259	216		35	24		5160	3415		1112	796	
上　海	3014	1135		3481	840		554674	113865		114483	29682	
江　苏	750	369		377	173		49519	21277		11112	5225	
浙　江	475	194		727	397		52478	24557		10738	5154	
安　徽	131	65		79	42		8065	4122		2006	1124	
福　建	74	47		23	12		3269	1912		1050	778	
江　西	173	80		292	69		25217	4930		4449	1577	
山　东	141	89	2	152	41	20	12956	2980	1567	3618	1228	179
河　南	386	255		207	154		23250	17592		8124	6651	
湖　北	436	211		208	88		26251	11507		6430	2883	
湖　南	96	56		38	12		6745	1972		1425	505	
广　东	329	219		151	95		18718	10777		4629	2921	
广　西	120	81		137	63		12113	4631		3061	1427	
海　南	32	29		15	14		1480	1351		422	378	
重　庆	128	48		43	14		6008	1813		1416	480	
四　川	331	195		514	76		48186	12304		10909	2562	
贵　州	12	10		7	7		627	580		245	224	
云　南	64	59		23	14		2696	1654		711	465	
西　藏	23	13		16	9		2658	1703		468	301	
陕　西	314	171		117	48		15245	7167		4645	2142	
甘　肃	147	97		135	52		13186	5338		3066	910	
青　海	10	4		3	1		281	103		43	22	
宁　夏	9	5		3	1		441	71		94	26	
新　疆	96	13		31	3		2433	434		577	106	
兵　团	1	1					17	17		5	5	

全国各地区各类图书出版数量（续表9）

	I 文学											
	种数（种）		租型种数（种）	总印数（万册、张）			总印张（千印张）			定价总金额（万元）		
	合计	初版		合计	初版	租型	合计	初版	租型	合计	初版	租型
全国总计	**54502**	**37343**	**11**	**64420**	**32914**	**21**	**6491102**	**3303967**	**1564**	**1670066**	**946778**	**352**
中　央	**14876**	**10944**		**13678**	**7878**		**1696418**	**888630**		**429800**	**271438**	
地　方	**39626**	**26399**	**11**	**50742**	**25036**	**21**	**4794684**	**2415337**	**1564**	**1240266**	**675340**	**352**
北　京	2633	1710		4748	2093		500431	211924		117029	53310	
天　津	1338	885		1748	779		129078	66372		42009	22115	
河　北	509	220	2	742	221	3	50464	24552	211	20532	6192	44
山　西	511	404		227	141		27617	18711		9239	6647	
内蒙古	621	530		181	155		22073	18697		5891	5091	
辽　宁	1179	717		1660	529		138011	46019		32298	11945	
吉　林	3414	2540		2568	1988		212684	136252		57119	42606	
黑龙江	965	759		267	195		43173	27712		10821	8539	
上　海	3008	1779		2493	1174		308583	131734		80705	41962	
江　苏	2725	1850		3115	1701		360123	187250		88198	54904	
浙　江	1978	1146		5190	2489		442891	209460		103070	52687	
安　徽	1224	756		2533	1281		196104	86920		48045	24841	
福　建	596	477		470	267		42455	26958		11716	7853	
江　西	1979	1328		3375	1296		191983	109785		62232	31753	
山　东	1924	1197		3573	1618		284248	131030		71980	36260	
河　南	1073	758	9	991	502	18	63572	40176	1353	19787	12351	308
湖　北	1916	1151		2416	1412		313573	176742		75764	46401	
湖　南	1740	923		3832	1730		451633	213818		116449	58056	
广　东	1463	1211		1353	771		129389	83710		32402	21205	
广　西	1383	727		2825	1069		244290	87797		71299	27591	
海　南	602	348		475	228		53217	27704		15623	7738	
重　庆	1338	822		2165	784		192139	80107		46189	23972	
四　川	1490	1158		1496	1099		182304	124726		41554	29609	
贵　州	299	233		182	129		17336	13562		6548	4496	
云　南	825	579		478	263		55123	30612		12044	7994	
西　藏	48	27		14	6		2035	1229		459	297	
陕　西	1150	712		773	377		67426	40613		23957	14003	
甘　肃	358	322		187	162		19694	17589		4837	4262	
青　海	100	90		19	16		3244	2612		799	710	
宁　夏	381	374		118	115		14907	14537		3486	3408	
新　疆	817	627		523	442		33855	25396		7947	6304	
兵　团	39	39		5	5		1030	1030		239	239	

全国各地区各类图书出版数量（续表10）

	J 艺术											
	种数（种）		租型种数（种）	总印数（万册、张）			总印张（千印张）			定价总金额（万元）		
	合计	初版		合计	初版	租型	合计	初版	租型	合计	初版	租型
全国总计	**27497**	**18550**	**47**	**19240**	**10619**	**12**	**1528110**	**849549**	**875**	**699919**	**500875**	**204**
中　　央	**8676**	**5657**		**5844**	**3816**		**545824**	**333395**		**258984**	**190379**	
地　　方	**18821**	**12893**	**47**	**13396**	**6803**	**12**	**982286**	**516154**	**875**	**440935**	**310496**	**204**
北　　京	875	757		418	309		44172	33664		25241	21592	
天　　津	767	612		312	243		24819	21249		16115	14612	
河　　北	367	339		223	212		34317	33594		18042	17742	
山　　西	142	112		62	48		7465	5316		10551	10193	
内 蒙 古	81	79		26	25		1999	1951		1485	1473	
辽　　宁	915	510		234	120		21875	12061		11406	7315	
吉　　林	887	637		781	349		49065	23652		16349	10932	
黑 龙 江	423	410		58	54		4305	3983		2437	2332	
上　　海	3445	1581		3193	775		273321	75616		78004	35910	
江　　苏	1965	1488		1911	1337		98788	65370		45142	34004	
浙　　江	1558	1109	36	745	538	6	68797	49205	450	45661	38170	107
安　　徽	742	482	10	383	191	2	28982	14957	3	11874	7992	29
福　　建	280	261		146	140		7915	7228		5993	5715	
江　　西	409	296		1091	439		35610	18314		19363	10527	
山　　东	511	374	1	255	163	4	14469	9875	422	11202	8727	68
河　　南	537	401		200	154		18243	14168		8283	7193	
湖　　北	896	666		498	304		34629	21917		15737	11112	
湖　　南	1077	560		1098	460		80997	25406		28104	12024	
广　　东	658	518		763	207		46615	19126		26747	19180	
广　　西	419	282		240	161		26047	16864		12517	8315	
海　　南	67	38		28	22		2096	1284		1262	1035	
重　　庆	401	212		161	94		18339	9038		6275	3736	
四　　川	664	515		363	307		20909	17153		10215	8952	
贵　　州	33	33		9	9		940	940		1270	1270	
云　　南	164	163		26	26		3689	3676		3472	3468	
西　　藏	38	16		12	3		770	297		308	173	
陕　　西	224	199		62	37		5513	4017		3382	2692	
甘　　肃	80	73		19	16		2889	2522		2090	1975	
青　　海	27	26		6	6		748	711		712	698	
宁　　夏	20	20		4	4		646	646		337	337	
新　　疆	140	115		55	37		2415	1452		893	634	
兵　　团	9	9		14	14		902	902		465	465	

全国各地区各类图书出版数量（续表11）

	K 历史、地理											
	种数（种）		租型种数（种）	总印数（万册、张）			总印张（千印张）			定价总金额（万元）		
	合计	初版		合计	初版	租型	合计	初版	租型	合计	初版	租型
全国总计	**18680**	**13439**	**2**	**13082**	**6510**	**8**	**1687410**	**965484**	**862**	**618821**	**436748**	**167**
中　　央	**8774**	**5713**		**7872**	**3320**		**978541**	**494721**		**346812**	**222594**	
地　　方	**9906**	**7726**	**2**	**5210**	**3190**	**8**	**708869**	**470763**	**862**	**272009**	**214154**	**167**
北　　京	581	424		470	275		66110	37567		19828	14153	
天　　津	230	181		103	73		17033	12009		8673	7163	
河　　北	43	38	2	17	6	8	2780	1713	862	1236	1031	167
山　　西	281	253		104	89		16295	14548		7303	6870	
内 蒙 古	185	157		41	30		7601	6682		5175	4983	
辽　　宁	276	203		103	82		15095	11448		4391	3567	
吉　　林	519	343		160	93		24070	16150		8178	6199	
黑 龙 江	352	268		118	93		9260	8748		5551	5057	
上　　海	1264	940		611	384		96911	56062		31411	23631	
江　　苏	770	623		452	312		61736	47721		27438	24206	
浙　　江	436	321		506	209		85540	45090		26878	17051	
安　　徽	298	259		106	59		12855	8956		10741	9456	
福　　建	275	229		129	92		14977	12126		7286	6452	
江　　西	234	174		438	138		51123	16280		12659	5425	
山　　东	329	238		179	92		14413	9018		6584	4734	
河　　南	381	300		131	79		18034	13873		8668	7267	
湖　　北	511	417		249	204		31435	24390		11663	10190	
湖　　南	194	181		105	99		12693	11739		7634	7372	
广　　东	673	585		275	221		37450	32492		13878	12650	
广　　西	305	213		160	78		26067	14746		8928	5300	
海　　南	75	64		30	23		5914	3802		2036	1614	
重　　庆	47	27		47	14		4646	2571		1252	708	
四　　川	572	367		323	161		24795	18775		12453	9283	
贵　　州	86	65		33	23		3826	2819		1502	1174	
云　　南	243	224		62	51		12457	11282		5831	5567	
西　　藏	56	41		14	8		2213	1595		649	466	
陕　　西	358	293		129	100		19719	16221		8482	7235	
甘　　肃	85	82		16	14		3946	3720		2143	2098	
青　　海	54	48		13	12		2099	1864		987	935	
宁　　夏	68	66		16	15		3189	3049		1185	1148	
新　　疆	113	90		67	59		4104	3225		1144	929	
兵　　团	12	12		3	3		483	483		241	241	

全国各地区各类图书出版数量（续表12）

	N 自然科学总论											
	种数（种）		租型种数（种）	总印数（万册、张）			总印张（千印张）			定价总金额（万元）		
	合计	初版		合计	初版	租型	合计	初版	租型	合计	初版	租型
全国总计	**797**	**401**	**1**	**518**	**178**	**15**	**66847**	**20591**	**1250**	**20378**	**8289**	**250**
中　央	**372**	**191**		**214**	**89**		**34179**	**11337**		**10838**	**4618**	
地　方	**425**	**210**	**1**	**304**	**89**	**15**	**32668**	**9254**	**1250**	**9540**	**3671**	**250**
北　京	34	5		64	3		7953	292		1339	81	
天　津	6	4		3	2		318	277		87	77	
河　北	1	1	1	15		15	1297	48	1250	262	12	250
山　西	4	1		2			229	31		48	5	
内蒙古	5	5		1	1		153	153		31	31	
辽　宁	3			1			109			19		
吉　林	27	10		11	2		899	354		278	83	
黑龙江	7	7		1	1		202	202		50	50	
上　海	64	45		21	16		2927	2221		1092	945	
江　苏	27	20		10	8		761	400		225	158	
浙　江	44	10		30	4		4018	465		1132	294	
安　徽	12	5		4	2		469	226		109	65	
福　建	8	8		3	3		331	331		112	112	
江　西	19	5		34	2		3359	194		803	40	
山　东	36	13		22	7		1485	671		635	250	
河　南	8	7		2	2		214	200		115	111	
湖　北	17	9		13	3		1600	760		300	159	
湖　南	5	2		4			266	55		79	14	
广　东	19	16		7	7		473	438		176	168	
广　西	22	11		32	13		3425	780		1706	489	
海　南	2	2		1	1		386	386		91	91	
重　庆	3	2		1			55	42		19	16	
四　川	19	12		10	5		828	379		258	128	
贵　州	1	1					8	8		2	2	
云　南												
西　藏												
陕　西	6	4		5	4		160	134		346	191	
甘　肃	23	3		6	1		714	206		209	90	
青　海												
宁　夏												
新　疆	3	2		1	1		29	2		16	9	
兵　团												

全国各地区各类图书出版数量（续表13）

	O 数理科学、化学											
	种数（种）		租型种数（种）	总印数（万册、张）			总印张（千印张）			定价总金额（万元）		
	合计	初版		合计	初版	租型	合计	初版	租型	合计	初版	租型
全国总计	**8847**	**2998**	**1**	**4116**	**1275**		**642210**	**178810**	**41**	**136706**	**46678**	**6**
中　　央	**6119**	**1787**		**2581**	**717**		**467788**	**114054**		**93662**	**27666**	
地　　方	**2728**	**1211**	**1**	**1535**	**558**		**174422**	**64756**	**41**	**43044**	**19012**	**6**
北　　京	66	31		215	19		20857	1848		3993	485	
天　　津	158	66		180	44		8178	2451		2332	769	
河　　北	7	7		5	5		168	168		38	38	
山　　西	2	1		1			47	23		10	5	
内 蒙 古	14	4		2			251	64		45	16	
辽　　宁	151	68		41	20		5944	2453		1343	673	
吉　　林	136	80		118	31		8516	1748		2455	646	
黑 龙 江	219	135		37	20		6831	3925		1640	1126	
上　　海	375	171		152	69		27559	11942		5870	2718	
江　　苏	298	92		111	40		14528	4957		3208	1309	
浙　　江	116	41		45	17		4795	2319		1077	519	
安　　徽	126	51		114	89		8474	3958		4549	3669	
福　　建	18	7		4	2		751	415		140	83	
江　　西	80	22		119	40		12111	4026		2720	956	
山　　东	56	24		22	7		3402	947		659	224	
河　　南	46	14		13	3		2336	444		475	153	
湖　　北	255	95		86	24		13073	3916		2604	902	
湖　　南	56	29		16	6		2594	1119		643	342	
广　　东	59	26		16	6		2547	853		510	243	
广　　西	21	9		9	5		1053	581		324	213	
海　　南	7			4			611			141		
重　　庆	62	19		19	5		2462	586		638	146	
四　　川	178	93		61	34		6460	3301		1515	813	
贵　　州												
云　　南	7	5		1			73	39		21	15	
西　　藏												
陕　　西	188	95	1	129	56		19301	11203	41	5880	2744	6
甘　　肃	25	24		15	15		1479	1449		208	201	
青　　海	1	1					9	9		3	3	
宁　　夏	1	1					11	11		2	2	
新　　疆												
兵　　团												

全国各地区各类图书出版数量（续表14）

	P 天文学、地球科学											
	种数（种）		租型种数（种）	总印数（万册、张）			总印张（千印张）			定价总金额（万元）		
	合计	初版		合计	初版	租型	合计	初版	租型	合计	初版	租型
全国总计	**2756**	**1789**		**1223**	**647**		**142858**	**77236**		**57696**	**35051**	
中　　央	**1709**	**1159**		**545**	**357**		**79529**	**49883**		**34009**	**24381**	
地　　方	**1047**	**630**		**678**	**290**		**63329**	**27353**		**23687**	**10670**	
北　　京	67	28		152	21		9803	1754		3397	1014	
天　　津	24	16		18	16		888	758		341	307	
河　　北	2	2		1	1		56	56		51	51	
山　　西	10	3		4	1		277	50		85	22	
内 蒙 古	8	6		3	2		346	328		31	27	
辽　　宁	26	19		10	6		966	624		331	224	
吉　　林	43	29		38	20		2304	836		847	335	
黑 龙 江	25	21		4	4		707	555		199	146	
上　　海	81	61		30	24		4579	3577		1662	1499	
江　　苏	86	53		27	16		2949	1732		859	533	
浙　　江	15	7		14	9		997	577		388	248	
安　　徽	42	20		16	11		1402	775		398	261	
福　　建	18	14		13	10		635	584		229	209	
江　　西	40	13		72	17		7906	1719		1899	538	
山　　东	85	60		48	24		5150	2648		1440	993	
河　　南	73	49		27	17		3322	2157		952	689	
湖　　北	168	73		41	16		6531	2335		1772	906	
湖　　南	14	11		2	1		319	219		110	88	
广　　东	45	42		17	17		1525	1442		650	630	
广　　西	18	6		9	5		949	580		408	300	
海　　南	10	7		6	4		689	549		292	213	
重　　庆	14	4		6	3		603	252		238	113	
四　　川	39	26		20	12		1509	814		445	277	
贵　　州	4	2		45	1		5189	42		4470	108	
云　　南	14	12		10	10		583	543		220	208	
西　　藏	10	8		5	3		788	757		141	131	
陕　　西	38	29		34	19		1404	711		1577	482	
甘　　肃	25	6		7	1		857	284		234	98	
青　　海	2	2					94	94		19	19	
宁　　夏	1	1					1	1		1	1	
新　　疆												
兵　　团												

全国各地区各类图书出版数量（续表15）

	Q 生物科学											
	种数（种）		租型种数（种）	总印数（万册、张）			总印张（千印张）			定价总金额（万元）		
	合计	初版		合计	初版	租型	合计	初版	租型	合计	初版	租型
全国总计	**3410**	**1909**		**2043**	**1114**		**219943**	**91337**		**71538**	**42043**	
中　央	**1876**	**915**		**889**	**511**		**122538**	**47156**		**38707**	**22377**	
地　方	**1534**	**994**		**1154**	**603**		**97405**	**44181**		**32831**	**19666**	
北　京	130	69		341	129		34829	12697		8118	4240	
天　津	35	27		28	23		2028	1575		709	605	
河　北	17	13		5	4		437	397		176	142	
山　西	8	5		2	1		259	190		74	58	
内蒙古	22	20		2	2		455	437		185	181	
辽　宁	37	28		13	10		1309	875		469	372	
吉　林	241	125		213	128		11250	5236		4640	2539	
黑龙江	155	150		26	26		1641	1588		711	703	
上　海	116	70		49	32		4279	2440		1576	1188	
江　苏	61	45		52	31		5006	1902		1233	733	
浙　江	102	64		48	33		3492	2008		1389	1022	
安　徽	39	18		15	6		1405	543		414	186	
福　建	15	14		4	3		328	298		157	152	
江　西	78	30		85	24		8036	1355		1956	452	
山　东	28	17		16	8		1402	882		710	454	
河　南	42	26		9	5		1067	721		690	592	
湖　北	106	64		52	42		4168	2573		1765	1420	
湖　南	5	1		2			318	36		63	9	
广　东	71	59		64	28		4766	1774		1828	892	
广　西	30	13		25	6		2630	719		1010	326	
海　南	14	10		9	7		989	933		418	363	
重　庆	19	9		7	5		1153	914		598	489	
四　川	63	43		40	26		2608	1437		946	624	
贵　州	6	6		3	3		212	212		628	628	
云　南	20	17		6	3		688	585		463	311	
西　藏	1	1					34	34		18	18	
陕　西	43	23		27	7		1652	902		1356	446	
甘　肃	10	10		4	4		399	399		92	92	
青　海	8	8		2	2		128	128		254	254	
宁　夏	3	3		4	4		198	198		95	95	
新　疆	8	5		2	2		235	189		90	78	
兵　团	1	1					3	3		1	1	

全国各地区各类图书出版数量（续表16）

	R 医药、卫生											
	种数（种）		租型种数（种）	总印数（万册、张）			总印张（千印张）			定价总金额（万元）		
	合计	初版		合计	初版	租型	合计	初版	租型	合计	初版	租型
全国总计	**21530**	**13596**	**4**	**11042**	**6021**	**1**	**1873555**	**1014958**	**101**	**526952**	**331392**	**28**
中　　央	**13410**	**7587**		**7195**	**3673**		**1390412**	**693867**		**379026**	**228811**	
地　　方	**8120**	**6009**	**4**	**3847**	**2348**	**1**	**483143**	**321091**	**101**	**147926**	**102581**	**28**
北　　京	374	298		264	170		40501	28523		12234	9169	
天　　津	819	769		170	143		36260	32143		11227	9745	
河　　北	65	56		40	21		5203	2990		1216	755	
山　　西	109	89		41	31		8171	5936		1816	1431	
内 蒙 古	79	76		15	14		4608	4554		1618	1610	
辽　　宁	265	176		89	48		12004	8096		6633	4464	
吉　　林	1144	1112		231	191		52253	46754		13067	11646	
黑 龙 江	202	190		22	21		4296	4140		1072	1047	
上　　海	961	544		418	271		59790	36722		18996	12943	
江　　苏	691	338		444	301		56165	35043		17658	11997	
浙　　江	213	107		523	99		18293	8477		6746	3302	
安　　徽	129	64		56	23		7669	3603		2061	861	
福　　建	124	100		70	59		10032	8536		3259	2675	
江　　西	133	96		119	69		16789	10560		4106	2801	
山　　东	206	138		138	64		21586	8905		6147	2971	
河　　南	316	183		115	63		15567	8475		4807	3126	
湖　　北	471	289		125	64		18540	9584		5482	3334	
湖　　南	175	102		71	26		14101	5450		4010	2220	
广　　东	230	149		125	67		14112	8012		4809	2913	
广　　西	118	82	2	371	348	1	10143	7239	64	3178	2390	22
海　　南	30	21		17	10		3022	1730		924	615	
重　　庆	58	37		20	9		2663	1402		723	423	
四　　川	164	115		86	65		12188	9390		2956	2325	
贵　　州	29	26		9	8		1487	1436		411	401	
云　　南	124	116		23	21		3997	3727		1593	1536	
西　　藏	28	21		7	5		1068	878		263	227	
陕　　西	580	445	2	164	72		23608	10442	37	8424	3282	6
甘　　肃	66	63		8	7		1745	1633		571	543	
青　　海	22	22		32	32		2092	2092		421	421	
宁　　夏	27	27		4	4		803	803		191	191	
新　　疆	166	156		29	23		4364	3793		1301	1211	
兵　　团	2	2					23	23		5	5	

全国各地区各类图书出版数量（续表 17）

	S 农业科学											
	种数（种）		租型种数（种）	总印数（万册、张）			总印张（千印张）			定价总金额（万元）		
	合计	初版		合计	初版	租型	合计	初版	租型	合计	初版	租型
全国总计	**5141**	**3066**	**3**	**1777**	**910**	**5**	**196201**	**100130**	**281**	**60244**	**38601**	**59**
中　　央	**3182**	**1721**		**999**	**508**		**126352**	**61178**		**38233**	**23549**	
地　　方	**1959**	**1345**	**3**	**778**	**402**	**5**	**69849**	**38952**	**281**	**22011**	**15052**	**59**
北　　京	50	27		60	17		5586	1950		1138	555	
天　　津	74	15		23	3		1191	245		483	136	
河　　北	68	50		59	53		3617	2882		734	569	
山　　西	24	22		8	7		1018	943		211	196	
内 蒙 古	30	29		4	4		606	546		166	159	
辽　　宁	41	25		13	3		1503	533		648	415	
吉　　林	117	52		36	12		2185	1014		704	368	
黑 龙 江	98	95		10	10		1301	1267		493	486	
上　　海	85	70		15	13		2626	1864		1199	1022	
江　　苏	123	77		51	34		3396	2293		1447	1084	
浙　　江	79	36		18	8		1832	1076		783	558	
安　　徽	47	31		16	11		1394	894		473	357	
福　　建	59	38		24	16		2625	1819		937	738	
江　　西	30	16		70	12		5108	908		1141	318	
山　　东	110	81		40	32		2719	2096		1043	870	
河　　南	168	124		65	29		6959	3573		2333	1207	
湖　　北	119	99		30	25		3457	2773		1544	1356	
湖　　南	32	16		65	5		6545	398		1012	150	
广　　东	42	28	3	32	14	5	2032	1163	281	864	656	59
广　　西	46	38		10	6		1144	928		561	492	
海　　南	5	4		1	1		136	109		36	32	
重　　庆	22	7		5	2		723	314		198	92	
四　　川	70	46		15	9		1848	1337		464	365	
贵　　州	5	5		1	1		144	144		34	34	
云　　南	132	108		30	24		2424	2024		1012	913	
西　　藏	9	9		3	3		291	291		128	128	
陕　　西	87	78		15	13		1849	1602		659	589	
甘　　肃	109	68		41	27		3852	3001		1121	906	
青　　海	13	13		1	1		87	87		38	38	
宁　　夏	22	20		6	3		783	480		208	151	
新　　疆	37	12		9	3		739	268		156	71	
兵　　团	6	6		1	1		129	129		42	42	

全国各地区各类图书出版数量（续表18）

	T 工业技术											
	种数（种）		租型种数（种）	总印数（万册、张）			总印张（千印张）			定价总金额（万元）		
	合计	初版		合计	初版	租型	合计	初版	租型	合计	初版	租型
全国总计	**48093**	**22708**		**16503**	**7748**		**2829795**	**1254339**		**756048**	**415627**	
中　央	**36685**	**15702**		**12435**	**5344**		**2262561**	**932123**		**588019**	**305360**	
地　方	**11408**	**7006**		**4068**	**2404**		**567234**	**322216**		**168029**	**110267**	
北　京	339	252		320	218		45123	33986		13915	10521	
天　津	360	236		97	54		15899	8748		4672	2841	
河　北	29	19		13	3		985	372		228	117	
山　西	22	20		3	3		654	583		293	280	
内蒙古	23	14		3	2		455	186		216	173	
辽　宁	715	373		206	96		29395	12924		9636	5705	
吉　林	548	517		189	122		20508	17229		5765	4694	
黑龙江	425	260		88	58		13895	8679		3137	2219	
上　海	1070	713		374	267		53592	34183		16277	12131	
江　苏	1414	824		452	253		68948	36670		20832	13025	
浙　江	362	185		111	65		13864	7091		4103	2566	
安　徽	315	183		103	63		13024	7171		3785	2577	
福　建	159	113		70	46		9694	6311		3167	2422	
江　西	84	45		72	27		11838	3449		2727	906	
山　东	432	272		279	177		37024	21625		10169	6694	
河　南	514	326		161	88		20742	10839		6632	3977	
湖　北	1432	711		395	185		64933	27951		19110	11087	
湖　南	230	143		74	48		10901	6543		3005	2060	
广　东	366	218		130	90		17701	11969		7797	6529	
广　西	131	87		192	125		15832	8611		6775	3780	
海　南	44	29		26	16		3179	1566		1275	819	
重　庆	519	190		127	47		19479	6950		4400	1836	
四　川	737	474		251	131		29488	16139		7416	4287	
贵　州	15	15		3	3		363	363		137	137	
云　南	94	84		28	25		4730	4484		2397	2292	
西　藏	11	9		4	4		353	272		119	107	
陕　西	910	609		274	173		42147	25502		9355	5942	
甘　肃	37	19		8	3		887	341		243	115	
青　海	7	7		2	2		198	198		67	67	
宁　夏	18	14		1	1		429	388		87	81	
新　疆	41	40		10	9		850	767		243	230	
兵　团	5	5		1	1		125	125		50	50	

全国各地区各类图书出版数量（续表19）

	U 交通运输											
	种数（种）		租型种数（种）	总印数（万册、张）			总印张（千印张）			定价总金额（万元）		
	合计	初版		合计	初版	租型	合计	初版	租型	合计	初版	租型
全国总计	**5648**	**2642**		**2696**	**1018**		**353969**	**122875**		**99806**	**39452**	
中　　央	**4197**	**1760**		**2124**	**638**		**281644**	**75544**		**80057**	**26507**	
地　　方	**1451**	**882**		**572**	**380**		**72325**	**47331**		**19749**	**12945**	
北　　京	56	48		95	81		11420	10437		3057	2554	
天　　津	45	38		19	15		2501	2167		711	574	
河　　北	13	11		2	1		169	149		64	31	
山　　西	3			1			76			13		
内 蒙 古	1	1					7	7		3	3	
辽　　宁	214	102		60	31		11109	6165		2816	1530	
吉　　林	68	62		53	40		4017	3483		1265	1021	
黑 龙 江	70	43		10	6		1538	922		405	285	
上　　海	124	93		29	22		5387	3954		1378	1071	
江　　苏	126	73		32	16		5002	2119		1282	646	
浙　　江	25	15		72	61		3675	2900		1007	736	
安　　徽	24	19		4	3		579	408		159	124	
福　　建	7	6		2	2		198	178		81	77	
江　　西	4	4		3	3		154	154		79	79	
山　　东	35	19		13	7		2069	1280		476	278	
河　　南	33	28		5	3		549	328		176	127	
湖　　北	118	67		27	11		4167	1833		1167	658	
湖　　南	38	25		10	7		1523	1053		356	253	
广　　东	39	21		9	4		998	463		321	187	
广　　西	11	3		4	2		554	262		219	142	
海　　南												
重　　庆	58	17		18	11		2480	1171		588	339	
四　　川	262	133		62	35		9151	5141		2324	1448	
贵　　州												
云　　南	8	7		4	1		633	179		153	27	
西　　藏												
陕　　西	66	44		37	17		4318	2527		1623	729	
甘　　肃	2	2					41	41		22	22	
青　　海												
宁　　夏												
新　　疆	1	1					10	10		3	3	
兵　　团												

全国各地区各类图书出版数量（续表20）

	V 航空、航天											
	种数（种）		租型种数（种）	总印数（万册、张）			总印张（千印张）			定价总金额（万元）		
	合计	初版		合计	初版	租型	合计	初版	租型	合计	初版	租型
全国总计	**539**	**354**		**154**	**86**		**22764**	**13520**		**8853**	**6304**	
中　　央	**383**	**259**		**89**	**55**		**14562**	**9267**		**6193**	**4564**	
地　　方	**156**	**95**		**65**	**31**		**8202**	**4253**		**2660**	**1740**	
北　　京	8	3		13	2		951	171		318	93	
天　　津	1						10			2		
河　　北												
山　　西	1						48			8		
内 蒙 古												
辽　　宁												
吉　　林	6	5		4	3		336	246		110	75	
黑 龙 江	9	8		1	1		125	77		35	26	
上　　海	27	22		6	4		1445	1171		618	542	
江　　苏	3	2		2	2		115	85		35	29	
浙　　江	6	4		6	5		735	577		374	340	
安　　徽	4			1			128			23		
福　　建	2	2		1	1		47	47		21	21	
江　　西	7	1		14	2		1574	170		333	40	
山　　东												
河　　南	1	1					31	31		6	6	
湖　　北	1	1					19	19		5	5	
湖　　南	7	7		1	1		138	138		31	31	
广　　东	2	2		1	1		23	23		31	31	
广　　西	3			1			115			35		
海　　南												
重　　庆												
四　　川	30	8		6	3		1030	427		246	130	
贵　　州												
云　　南												
西　　藏												
陕　　西	37	28		7	6		1323	1062		423	365	
甘　　肃												
青　　海	1	1					10	10		6	6	
宁　　夏												
新　　疆												
兵　　团												

全国各地区各类图书出版数量（续表21）

	X 环境科学										
	种数（种）		租型种数（种）	总印数（万册、张）			总印张（千印张）			定价总金额（万元）		
	合计	初版		合计	初版	租型	合计	初版	租型	合计	初版	租型
全国总计	**2247**	**1593**		**846**	**553**		**87254**	**53703**		**29994**	**22103**	
中　央	**1499**	**993**		**460**	**309**		**54867**	**33396**		**19567**	**14872**	
地　方	**748**	**600**		**386**	**244**		**32387**	**20307**		**10427**	**7231**	
北　京	20	10		24	10		2673	1306		590	237	
天　津	22	19		3	2		474	362		127	94	
河　北	8	7		9	1		1444	181		115	50	
山　西	8	8		1	1		230	230		79	79	
内蒙古	10	10		2	2		113	113		50	50	
辽　宁	39	30		12	10		882	639		382	323	
吉　林	64	56		53	9		3613	632		1124	196	
黑龙江	52	44		6	4		1091	575		235	144	
上　海	92	81		62	59		2758	2404		1075	1003	
江　苏	65	45		14	10		1478	996		514	387	
浙　江	35	24		60	38		4610	3148		1230	974	
安　徽	12	8		5	2		358	143		114	61	
福　建	7	7		1	1		177	177		76	76	
江　西	29	23		29	27		2352	2208		731	687	
山　东	10	8		4	3		570	359		165	121	
河　南	27	11		17	1		1410	212		373	78	
湖　北	53	44		9	8		1197	971		636	591	
湖　南	14	13		2	2		385	363		125	121	
广　东	46	41		17	14		1280	1103		526	417	
广　西	22	13		15	10		1325	843		400	269	
海　南	1	1					27	27		10	10	
重　庆	5	1					57	9		12	2	
四　川	43	39		10	9		1184	1080		430	406	
贵　州	11	10		6	6		543	464		169	155	
云　南	12	12		1	1		128	128		51	51	
西　藏	3	2		1	1		45	35		17	11	
陕　西	25	22		20	11		1662	1338		773	355	
甘　肃	2	1					62	22		43	32	
青　海	7	6		2	2		203	183		238	234	
宁　夏	4	4					57	57		17	17	
新　疆												
兵　团												

全国各地区各类图书出版数量（续表22）

	Z 综合性图书											
	种数（种）		租型种数（种）	总印数（万册、张）			总印张（千印张）			定价总金额（万元）		
	合计	初版		合计	初版	租型	合计	初版	租型	合计	初版	租型
全国总计	**4139**	**3123**	**6**	**3049**	**1563**	**17**	**392619**	**223532**	**1425**	**176188**	**125948**	**341**
中　央	**1353**	**1043**		**1148**	**668**		**170407**	**107926**		**92155**	**69178**	
地　方	**2786**	**2080**	**6**	**1901**	**895**	**17**	**222212**	**115606**	**1425**	**84033**	**56770**	**341**
北　京	200	125		249	92		34869	11136		7431	3267	
天　津	20	15		6	4		811	723		503	481	
河　北	103	83	6	71	29	17	7077	3560	1425	2150	1420	341
山　西	49	48		20	20		3725	3699		1525	1521	
内蒙古	30	27		15	15		5457	4964		3258	3133	
辽　宁	65	53		17	14		2649	2222		858	770	
吉　林	213	142		108	56		10544	4981		3563	2384	
黑龙江	88	83		12	12		1427	1389		480	475	
上　海	168	113		183	52		35667	8788		10504	4700	
江　苏	99	82		52	43		6372	5356		3920	3626	
浙　江	269	139		301	78		31390	9871		9168	3436	
安　徽	166	110		215	149		12989	7474		5886	4209	
福　建	59	59		10	10		3015	3015		1705	1705	
江　西	86	69		126	72		12696	7702		3123	1876	
山　东	95	62		46	30		4771	3277		2566	1874	
河　南	87	84		17	14		4004	3648		2295	2228	
湖　北	59	45		32	21		3565	2427		1524	1232	
湖　南	3	3					131	131		93	93	
广　东	233	160		98	36		8792	7037		4552	3923	
广　西	176	111		177	58		10530	6755		6502	4401	
海　南	24	23		6	5		939	842		515	490	
重　庆	3	2		2	2		160	152		110	108	
四　川	64	56		30	16		3200	1559		1762	888	
贵　州	36	21		14	6		1450	879		493	334	
云　南	229	222		33	31		8969	8633		5008	4958	
西　藏	3	3		1	1		456	456		121	121	
陕　西	39	30		40	14		2333	1256		2161	961	
甘　肃	31	24		8	3		1797	1280		864	775	
青　海	11	11		1	1		349	349		268	268	
宁　夏	21	21		3	3		736	736		510	510	
新　疆	27	24		5	4		480	447		175	163	
兵　团	30	30		3	3		863	863		441	441	

全国各地区各类图书出版数量（续表23）

	（二）不使用《中国标准书号》部分——图片合计											
	种数（种）		租型种数（种）	总印数（万册、张）			总印张（千印张）			定价总金额（万元）		
	合计	初版		合计	初版	租型	合计	初版	租型	合计	初版	租型
全国总计	**445**	**205**		**413**	**260**		**10508**	**5217**		**6412**	**4442**	
中　　央	**230**	**127**		**309**	**191**		**5873**	**2482**		**3150**	**2025**	
地　　方	**215**	**78**		**104**	**69**		**4635**	**2735**		**3262**	**2417**	
北　　京	7	1		2			120	24		153	75	
天　　津												
河　　北												
山　　西												
内 蒙 古												
辽　　宁	2			1			6			4		
吉　　林												
黑 龙 江												
上　　海	20	11		7	4		56	37		127	50	
江　　苏	96	19		24	8		2109	892		759	344	
浙　　江	81	46		65	56		2214	1769		2174	1943	
安　　徽												
福　　建												
江　　西												
山　　东												
河　　南												
湖　　北												
湖　　南												
广　　东	1			1			10			2		
广　　西	2						75			21		
海　　南												
重　　庆												
四　　川												
贵　　州												
云　　南	6	1		4	1		45	13		22	5	
西　　藏												
陕　　西												
甘　　肃												
青　　海												
宁　　夏												
新　　疆												
兵　　团												

全国各地区各类图书

	不使用《中国标准书号》部分——附录合计									国标（GB）、部标（BB）		
	总印数（万册、张）			总印张（千印张）			定价总金额（万元）			总印数（万册、张）		
	合计	初版	租型	合计	初版	租型	合计	初版	租型	合计	初版	租型
全国总计	**1451**	**858**		**63930**	**38231**		**30385**	**17316**		**1019**	**597**	
中　央	**1170**	**652**		**51708**	**28360**		**28339**	**15863**		**1010**	**589**	
地　方	**281**	**206**		**12222**	**9871**		**2046**	**1453**		**9**	**8**	
北　京												
天　津												
河　北												
山　西												
内蒙古												
辽　宁												
吉　林												
黑龙江												
上　海	1	1		56	54		55	45		1	1	
江　苏	217	196		9599	8566		1367	1078		8	7	
浙　江	3	2		501	283		137	110				
安　徽												
福　建												
江　西												
山　东												
河　南												
湖　北												
湖　南	5	5		793	739		179	167				
广　东												
广　西												
海　南	51			831			193					
重　庆												
四　川												
贵　州												
云　南	2	2		108	108		20	20				
西　藏												
陕　西	1			222	101		73	29				
甘　肃												
青　海												
宁　夏												
新　疆	1			112	20		22	4				
兵　团												

出版数量（续表24）

等标准类文件印品						活页文选、活页歌篇、小件印品等								
总印张（千印张）			定价总金额（万元）			总印数（万册、张）			总印张（千印张）			定价总金额（万元）		
合计	初版	租型	合计	初版	租型	合计	初版	租型	合计	初版	租型	合计	初版	租型
47021	**24695**		**27246**	**15283**		**432**	**261**		**16909**	**13536**		**3139**	**2033**	
46682	**24406**		**26938**	**15022**		**160**	**63**		**5026**	**3954**		**1401**	**841**	
339	**289**		**308**	**261**		**272**	**198**		**11883**	**9582**		**1738**	**1192**	
54	54		46	45					2			9		
285	235		262	216		209	189		9314	8331		1105	862	
						3	2		501	283		137	110	
						5	5		793	739		179	167	
						51			831			193		
						2	2		108	108		20	20	
						1			222	101		73	29	
						1			112	20		22	4	

全国各类少年儿童读物出版数量

	种数（种）		租型种数（种）	总印数(万册、张)			总印张（千印张）			定价总金额（万元）		
	合计	初版		合计	初版	租型	合计	初版	租型	合计	初版	租型
图书总计	**43639**	**25422**	**34**	**77789**	**38488**	**32**	**4528085**	**2027281**	**2190**	**1600285**	**857795**	**558**
（一）使用《中国标准书号》部分合计	43633	25422	34	77788	38488	32	4527989	2027281	2190	1600207	857795	558
A 马克思主义、列宁主义、毛泽东思想	7	2		12	6		980	542		340	211	
B 哲学	358	186		328	123		29396	10599		8457	3010	
C 社会科学总论	38	20		58	24		7384	2728		2471	963	
D 政治、法律	227	190	1	816	735	2	37176	31791	293	10774	9754	40
E 军事	125	74		97	40		9078	2806		2239	731	
F 经济	53	35		878	871		36375	35492		7234	7010	
G 文化、科学、教育、体育	12184	7218	24	23176	12773	12	874431	437579	544	533702	340243	209
H 语言、文字	2272	999		3498	912		222226	53883		61426	19656	
I 文学	19288	11412	9	34662	16020	18	2443179	1092750	1353	668725	327727	309
J 艺术	4430	2788		7769	4373		337854	185641		130869	79870	
K 历史、地理	997	543		1307	460		135540	41620		33105	12411	
N 自然科学总论	217	84		236	62		22818	3850		7012	1847	
O 数理科学、化学	376	149		758	225		50840	11800		14016	3993	
P 天文学、地球科学	319	170		478	156		35632	8947		17652	4445	
Q 生物科学	971	613		1124	659		73358	31603		25285	14219	
R 医药、卫生	156	82		183	57		11962	3007		6187	1312	
S 农业科学	101	51		144	43		9999	2445		2394	980	
T 工业技术	192	113		271	105		16188	5294		6506	2846	
U 交通运输	88	59		97	50		3346	1272		2347	957	
V 航空、航天	54	25		43	12		3682	898		1256	511	
X 环境科学	136	85		205	115		13928	7693		5190	3032	
Z 综合性图书	1044	524		1648	667		152617	55041		53020	22067	
（二）不使用《中国标准书号》部分合计	6			1			96			78		
1. 图片	6			1			96			78		
2. 国标(GB)、部标(BB)等标准类文件印品												
3. 活页文选、活页歌篇、小件印品等												

全国各地区少年儿童读物出版数量

	种数（种）		租型种数（种）	总印数（万册、张）			总印张（千印张）			定价总金额（万元）		
	合计	初版		合计	初版	租型	合计	初版	租型	合计	初版	租型
全国总计	**43639**	**25422**	**34**	**77789**	**38488**	**32**	**4528085**	**2027281**	**2190**	**1600285**	**857795**	**558**
中　　央	**9238**	**5719**		**14198**	**8545**		**814790**	**427689**		**301976**	**186979**	
地　　方	**34401**	**19703**	**34**	**63591**	**29943**	**32**	**3713295**	**1599592**	**2190**	**1298309**	**670816**	**558**
北　　京	2947	1259		7310	2159		585405	196147		135059	48729	
天　　津	958	518		1688	697		79565	32766		35373	16613	
河　　北	851	364		988	330		53120	21378		26045	8281	
山　　西	198	98		125	52		9004	3314		4181	2223	
内 蒙 古	266	170		79	56		3595	2632		4015	3793	
辽　　宁	1103	598		1750	592		130589	39623		31249	11241	
吉　　林	4427	3013		4279	2799		203463	114809		75604	49768	
黑 龙 江	1347	1283		273	252		15972	14296		5045	4667	
上　　海	1278	505		7566	5524		238157	132997		194870	152068	
江　　苏	2121	1562		3455	2327		178547	98013		83233	61933	
浙　　江	3020	1340		7639	3503		559423	230019		135753	59531	
安　　徽	1111	631	14	3931	1575	4	237680	93677	265	66215	28110	80
福　　建	447	350		503	308		32928	17523		10803	6408	
江　　西	2347	1272		5560	1801		296036	101435		92408	34115	
山　　东	2475	1217	10	4871	1879	8	283431	115064	279	100568	47080	130
河　　南	918	539	10	1177	471	20	37807	16681	1646	16566	8534	348
湖　　北	1059	624		1125	705		104881	67830		29978	18735	
湖　　南	922	415		1391	434		82042	24578		26007	8535	
广　　东	988	656		1798	574		87671	26222		34559	12230	
广　　西	1315	531		2909	1069		193552	73164		62900	25354	
海　　南	80	76		50	48		4707	4578		1190	1142	
重　　庆	65	52		57	45		1895	1309		1376	943	
四　　川	1675	1177		2298	1423		141367	91469		43641	27979	
贵　　州	101	44		147	48		11741	3214		8350	1985	
云　　南	658	356		767	526		55497	29484		14057	9451	
西　　藏	18	10		6	2		200	104		87	56	
陕　　西	716	349		1342	363		46992	17775		48808	13844	
甘　　肃	210	155		171	122		12964	9309		3519	1862	
青　　海	6	6		2	2		37	37		12	12	
宁　　夏	221	215		140	137		11932	11591		3215	3144	
新　　疆	553	318		195	121		13096	8553		3623	2451	
兵　　团												

全国课本出版数量

	种数（种）		租型种数（种）	总印数（万册、张）		总印张（千印张）		定价总金额（万元）	
	合计	初版		合计	租型	合计	租型	合计	租型
课本合计	**89001**	**27337**	**8884**	**327691**	**135745**	**26250786**	**9979362**	**3550367**	**1026266**
（1）大专及以上课本	63258	21846	4	31208		5487193	86	1113687	14
（2）中专、技校课本	6580	1836	1	6698	4	852523	573	159364	50
（3）中学课本	6442	806	5190	153076	76763	11921868	6419765	1243245	635503
（4）小学课本	5712	958	3466	131365	58650	7240824	3533620	857361	386296
（5）业余教育课本	3043	1283	1	2576	5	409669	285	100070	42
（6）扫盲课本	3					17		3	
（7）教学用书	3963	608	222	2768	323	338692	25033	76637	4361

全国课本出版数量与去年相比增减百分比

	种数		租型种数	总印数		总印张		定价总金额	
	合计	初版		合计	租型	合计	租型	合计	租型
课本合计	**-1.89**	**-10.96**	**1.61**	**-1.28**	**-3.87**	**-0.22**	**-2.79**	**-0.92**	**-3.75**
（1）大专及以上课本	1.48	-4.00		-2.62		-2.21	62.26	0.60	27.27
（2）中专、技校课本	-13.92	-34.73	-85.71	-10.35	-73.33	-8.75	-66.09	-8.79	-76.08
（3）中学课本	-6.33	-35.52	0.91	-0.39	-2.49	1.58	-2.25	0.96	-2.84
（4）小学课本	-8.62	-37.02	2.12	-0.91	-5.95	1.20	-4.07	-0.18	-5.52
（5）业余教育课本	-15.87	-19.05		-26.17		-20.94		-23.23	
（6）扫盲课本	-25.00	-100.00		-100.00		-99.77		-99.90	
（7）教学用书	-0.70	-21.35	13.85	5.81	185.84	-2.13	92.92	-1.71	43.41

课本出版数量

中央出版社

	种数（种）		租型种数（种）	总印数（万册、张）		总印张（千印张）		定价总金额（万元）	
	合计	初版		合计	租型	合计	租型	合计	租型
课本合计	**51684**	**14448**	**20**	**92549**	**198**	**9430944**	**14765**	**1517331**	**1475**
（1）大专及以上课本	40198	11803		21725		3988116		795498	
（2）中专、技校课本	5256	1257		5868		752659		138512	
（3）中学课本	1866	198	16	39880	198	2930117	14700	315953	1463
（4）小学课本	1081	153		21760		1255963		144804	
（5）业余教育课本	2072	810		1898		301116		76304	
（6）扫盲课本									
（7）教学用书	1211	227	4	1418		202973	65	46260	12

课本出版数量与去年相比增减百分比

中央出版社

	种数		租型种数	总印数		总印张		定价总金额	
	合计	初版		合计	租型	合计	租型	合计	租型
课本合计	**-1.50**	**-12.75**	**-9.09**	**0.80**	**7.03**	**0.04**	**10.83**	**-0.65**	**5.51**
（1）大专及以上课本	0.67	-8.90		-4.64		-3.85		-0.80	
（2）中专、技校课本	-7.85	-28.78		-6.86		-4.81		-4.63	
（3）中学课本	-6.28	-28.52	23.08	3.62	8.20	9.03	13.40	8.86	9.83
（4）小学课本	-9.84	-45.16		9.42		9.29		7.06	
（5）业余教育课本	-18.46	-22.64		-29.02		-27.22		-27.24	
（6）扫盲课本									
（7）教学用书	9.59	-3.40	-55.56	-15.85	-100.00	-14.70	-81.89	-7.04	-81.82

课本出版数量

地方出版社

	种数（种）		租型种数（种）	总印数（万册、张）		总印张（千印张）		定价总金额（万元）	
	合计	初版		合计	租型	合计	租型	合计	租型
课本合计	**37317**	**12889**	**8864**	**235142**	**135547**	**16819842**	**9964597**	**2033036**	**1024791**
（1）大专及以上课本	23060	10043	4	9483		1499077	86	318189	14
（2）中专、技校课本	1324	579	1	830	4	99864	573	20852	50
（3）中学课本	4576	608	5174	113196	76565	8991751	6405065	927292	634040
（4）小学课本	4631	805	3466	109605	58650	5984861	3533620	712557	386296
（5）业余教育课本	971	473	1	678	5	108553	285	23766	42
（6）扫盲课本	3					17		3	
（7）教学用书	2752	381	218	1350	323	135719	24968	30377	4349

课本出版数量与去年相比增减百分比

地方出版社

	种数		租型种数	总印数		总印张		定价总金额	
	合计	初版		合计	租型	合计	租型	合计	租型
课本合计	**-2.43**	**-8.87**	**1.64**	**-2.07**	**-3.89**	**-0.37**	**-2.81**	**-1.12**	**-3.76**
（1）大专及以上课本	2.93	2.47		2.33		2.44	62.26	4.30	27.27
（2）中专、技校课本	-31.75	-44.75	-85.71	-29.12	-73.33	-30.43	-66.09	-29.28	-76.08
（3）中学课本	-6.34	-37.51	0.86	-1.73	-2.52	-0.63	-2.28	-1.47	-2.87
（4）小学课本	-8.33	-35.19	2.12	-2.73	-5.95	-0.35	-4.07	-1.53	-5.52
（5）业余教育课本	-9.76	-12.08		-16.81		3.96		-6.72	
（6）扫盲课本	-25.00	-100.00		-100.00		-99.77		-99.90	
（7）教学用书	-4.64	-29.18	17.20	45.01	190.99	25.53	97.89	7.69	46.18

全国各地区课本出版总量

	课本合计								
	种数（种）		租型种数（种）	总印数（万册、张）		总印张（千印张）		定价总金额（万元）	
	合计	初版		合计	租型	合计	租型	合计	租型
全国总计	**89001**	**27337**	**8884**	**327691**	**135745**	**26250786**	**9979362**	**3550367**	**1026266**
中　央	**51684**	**14448**	**20**	**92549**	**198**	**9430944**	**14765**	**1517331**	**1475**
地　方	**37317**	**12889**	**8864**	**235142**	**135547**	**16819842**	**9964597**	**2033036**	**1024791**
北　京	885	380		2059		205094		35984	
天　津	591	236	201	1422	1071	117983	77915	17059	8104
河　北	367	53	207	11741	6039	791602	461687	82464	44636
山　西	127	76	260	4604	3562	326111	271844	39302	28961
内蒙古	831	91	316	4140	2889	299444	217575	29289	21646
辽　宁	3176	1054	296	6294	2753	465976	213296	70362	21207
吉　林	1225	865	282	4158	2839	295491	196174	36324	21185
黑龙江	776	374	431	3569	2799	245927	197205	31895	21920
上　海	6304	2122		13890		1195268		194580	
江　苏	3264	1169	309	20061	8735	1355909	569800	165683	60524
浙　江	1597	439	281	12314	7542	812692	538996	96764	54471
安　徽	950	319	694	8544	6296	608753	480724	80073	54000
福　建	447	164	196	4485	3296	318990	243420	34904	23261
江　西	289	57	224	6944	6028	547372	488612	55545	45713
山　东	1496	362	379	18411	8916	1168485	529401	143806	64404
河　南	978	384	265	13099	9588	949553	762314	103554	72021
湖　北	2500	898	397	8321	5851	643832	429537	87505	48653
湖　南	858	290	328	14125	9363	885430	613833	109479	68234
广　东	1577	439	146	16053	7004	1154850	553149	126573	50260
广　西	389	50	344	9561	6276	635325	478876	64216	45420
海　南	74	15	204	1414	999	85499	69825	10449	8305
重　庆	1994	602	246	6520	2694	432937	180785	59864	23092
四　川	2018	897	453	9547	6897	751910	512396	88350	55062
贵　州	92	11	283	5966	5381	440176	416004	43700	40316
云　南	175	34	253	6900	5254	483911	413181	47851	38504
西　藏	148	2	299	1097	763	76632	54935	9253	6682
陕　西	2205	1176	503	7978	4515	616990	365758	72984	34662
甘　肃	45	22	230	2944	2882	231996	228899	21940	21396
青　海	148		223	837	699	66408	54075	5944	5196
宁　夏	10	3	192	810	800	61029	60127	7192	7098
新　疆	1781	305	422	7334	3816	548267	284254	60148	29858
兵　团									

全国各地区各类课本出版数量

	大专及以上课本								
	种数（种）		租型种数（种）	总印数（万册、张）		总印张（千印张）		定价总金额（万元）	
	合计	初版		合计	租型	合计	租型	合计	租型
全国总计	**63258**	**21846**	**4**	**31208**		**5487193**	**86**	**1113687**	**14**
中　　央	**40198**	**11803**		**21725**		**3988116**		**795498**	
地　　方	**23060**	**10043**	**4**	**9483**		**1499077**	**86**	**318189**	**14**
北　　京	443	301		478		80218		17165	
天　　津	502	216		140		24383		5002	
河　　北	15	3		10		1760		293	
山　　西									
内 蒙 古	68	28		16		3057		437	
辽　　宁	2481	783		833		129035		29316	
吉　　林	791	775		237		38247		8975	
黑 龙 江	692	356		137		21902		4663	
上　　海	4003	1587		3352		525708		108513	
江　　苏	2340	895		705		113730		24173	
浙　　江	1016	314		281		43654		8985	
安　　徽	645	265		202		31738		6667	
福　　建	292	154		95		18198		3438	
江　　西	176	42		54		8417		1598	
山　　东	581	239		232		34764		7562	
河　　南	680	317		252		35253		7144	
湖　　北	2175	853		631		105533		23340	
湖　　南	563	271		196		29899		7242	
广　　东	807	293	1	269		41049	8	7960	2
广　　西	71	9		75		9603		1768	
海　　南	11	4		2		322		80	
重　　庆	1253	474		345		52857		11874	
四　　川	1634	783		380		58831		13218	
贵　　州	1			8		1037		120	
云　　南									
西　　藏									
陕　　西	1812	1073	3	552		89816	78	18640	12
甘　　肃	8	8		1		66		16	
青　　海									
宁　　夏									
新　　疆									
兵　　团									

全国各地区各类课本出版数量（续表1）

	中专、技校课本								
	种数（种）		租型种数（种）	总印数（万册、张）		总印张（千印张）		定价总金额（万元）	
	合计	初版		合计	租型	合计	租型	合计	租型
全国总计	**6580**	**1836**	**1**	**6698**	**4**	**852523**	**573**	**159364**	**50**
中　　央	**5256**	**1257**		**5868**		**752659**		**138512**	
地　　方	**1324**	**579**	**1**	**830**	**4**	**99864**	**573**	**20852**	**50**
北　　京	14	14		4		454		106	
天　　津	1	1				20		4	
河　　北	21	21		3		200		66	
山　　西	8	8		4		688		148	
内 蒙 古									
辽　　宁	20	3		9		958		186	
吉　　林			1	4	4	573	573	50	50
黑 龙 江									
上　　海	381	213		181		22622		5049	
江　　苏	150	58		299		34795		7329	
浙　　江	63	28		94		8940		1671	
安　　徽	27			9		1012		232	
福　　建	14			5		631		136	
江　　西	12	3		3		314		65	
山　　东	23	1		16		1758		448	
河　　南	11	7		3		363		80	
湖　　北	97	14		29		3682		753	
湖　　南	21			14		1178		156	
广　　东	69	23		40		5789		902	
广　　西	44	5		32		3775		853	
海　　南									
重　　庆	212	70		53		6761		1456	
四　　川	68	51		20		4157		916	
贵　　州									
云　　南									
西　　藏									
陕　　西	56	51		6		848		178	
甘　　肃	5	5		2		270		53	
青　　海									
宁　　夏	7	3				76		15	
新　　疆									
兵　　团									

全国各地区各类课本出版数量（续表2）

	中学课本								
	种数（种）		租型种数（种）	总印数（万册、张）		总印张（千印张）		定价总金额（万元）	
	合计	初版		合计	租型	合计	租型	合计	租型
全国总计	**6442**	**806**	**5190**	**153076**	**76763**	**11921868**	**6419765**	**1243245**	**635503**
中　央	**1866**	**198**	**16**	**39880**	**198**	**2930117**	**14700**	**315953**	**1463**
地　方	**4576**	**608**	**5174**	**113196**	**76565**	**8991751**	**6405065**	**927292**	**634040**
北　京	122	20		549		39846		6107	
天　津	18		109	679	598	55137	49902	5350	4854
河　北	70	6	108	4737	3392	397697	295075	37686	27302
山　西	63	35	156	2594	2104	211748	183899	24312	19773
内蒙古	352	19	208	2292	1678	192681	143785	17771	13484
辽　宁	132	51	163	2631	1998	203196	169799	20783	15950
吉　林	212	25	166	2113	1793	158429	138257	16217	14346
黑龙江	29	5	311	2185	1923	159692	145988	18726	16047
上　海	656	105		5269		392457		43508	
江　苏	213	30	129	9308	3851	672768	292455	60740	26656
浙　江	166	31	168	5209	3727	421852	323003	41862	29424
安　徽	123	17	442	4807	4233	384808	357145	46021	39343
福　建	32	1	87	1827	1623	153903	141188	14421	12534
江　西	54	11	157	3701	3308	332971	308041	31977	28222
山　东	245	29	216	8788	4957	634345	320021	72650	38118
河　南	72	13	175	7090	5844	590524	525673	55338	47395
湖　北	84	13	195	3573	3060	289411	257649	33921	29704
湖　南	83	5	200	7429	5336	530767	387919	60708	42898
广　东	311	30	84	8562	4257	703996	386892	69775	33706
广　西	120	18	192	4494	3389	348874	292988	32643	26491
海　南	17	3	106	624	544	46671	42767	5779	5231
重　庆	153	22	123	2192	1430	146419	110404	20668	15020
四　川	118	23	247	5424	3776	451894	318419	47049	33554
贵　州	40	1	172	3197	3011	276715	265827	26133	24630
云　南	54		132	3212	2717	276334	248445	25226	22026
西　藏	22		171	501	441	42175	35794	4818	4204
陕　西	109	15	313	3376	2597	297262	245694	28950	22197
甘　肃	8	1	150	1947	1930	170321	169324	15556	15385
青　海	86		135	460	397	43487	35547	3683	3236
宁　夏	2		124	443	437	38319	37756	4454	4400
新　疆	810	79	235	3983	2214	327052	175409	34460	17910
兵　团									

全国各地区各类课本出版数量（续表3）

	小学课本								
	种数（种）		租型种数（种）	总印数（万册、张）		总印张（千印张）		定价总金额（万元）	
	合计	初版		合计	租型	合计	租型	合计	租型
全国总计	**5712**	**958**	**3466**	**131365**	**58650**	**7240824**	**3533620**	**857361**	**386296**
中　　央	**1081**	**153**		**21760**		**1255963**		**144804**	
地　　方	**4631**	**805**	**3466**	**109605**	**58650**	**5984861**	**3533620**	**712557**	**386296**
北　　京	141	8		915		52633		7740	
天　　津	16		92	579	473	32570	28013	3992	3250
河　　北	146	18	99	6941	2646	386288	166612	43145	17334
山　　西	55	32	104	2006	1459	113661	87945	14839	9189
内 蒙 古	268	30	108	1821	1211	102030	73790	10883	8162
辽　　宁	215	70	124	2742	754	120931	43364	16992	5239
吉　　林	147	28	114	1773	1042	92991	57328	10208	6786
黑 龙 江	37	5	118	1245	876	64026	51215	8438	5872
上　　海	496	62		4695		205253		26768	
江　　苏	139	40	91	9438	4816	490437	268386	62300	31384
浙　　江	197	35	104	6601	3777	326643	213616	41728	24850
安　　徽	132	24	235	3509	2058	188401	123222	26498	14519
福　　建	52	4	109	2544	1673	144409	102232	16432	10727
江　　西	38	1	67	3126	2720	203817	180571	21164	17491
山　　东	317	41	163	9283	3959	485258	209379	60458	26287
河　　南	127	30	90	5712	3743	318193	236642	38639	24627
湖　　北	140	15	160	4077	2782	243684	170769	29239	18767
湖　　南	96		128	6442	4028	319858	225915	39895	25336
广　　东	190	56	55	6725	2551	369808	154794	43045	15304
广　　西	123	16	141	4952	2885	272535	185796	28813	18911
海　　南	46	8	98	788	455	38506	27059	4590	3074
重　　庆	298	26	123	3900	1263	223726	70381	24705	8072
四　　川	113	13	206	3686	3121	232626	193977	26311	21508
贵　　州	47	8	111	2759	2371	162085	150177	17357	15686
云　　南	119	33	121	3687	2537	207511	164736	22605	16478
西　　藏	80	2	110	585	319	33280	18830	4332	2452
陕　　西	188	26	186	4019	1912	227644	119700	24887	12411
甘　　肃	11	2	80	975	953	60861	59575	6157	6011
青　　海	43		88	375	302	22820	18528	2256	1960
宁　　夏	1		68	367	363	22634	22371	2723	2698
新　　疆	613	172	173	3338	1601	219742	108697	25418	11911
兵　　团									

全国各地区各类课本出版数量（续表4）

	业余教育课本								
	种数（种）		租型种数（种）	总印数（万册、张）		总印张（千印张）		定价总金额（万元）	
	合计	初版		合计	租型	合计	租型	合计	租型
全国总计	**3043**	**1283**	**1**	**2576**	**5**	**409669**	**285**	**100070**	**42**
中　央	**2072**	**810**		**1898**		**301116**		**76304**	
地　方	**971**	**473**	**1**	**678**	**5**	**108553**	**285**	**23766**	**42**
北　京	84	23		90		28842		4252	
天　津	2					55		15	
河　北									
山　西									
内蒙古									
辽　宁	230	127		64		10469		2770	
吉　林	30	26		21		3634		649	
黑龙江									
上　海	181	66		224		30928		7433	
江　苏	160	102		75		11776		3183	
浙　江	27	19		36		4084		677	
安　徽	11	5		10		2243		481	
福　建	15	4		6		1168		216	
江　西									
山　东	55	46		24		3972		1120	
河　南	46	4		33		4174		1239	
湖　北	4	3		1		402		71	
湖　南									
广　东	30	21		9		959		238	
广　西	5			2		182		48	
海　南									
重　庆	7	3		12		1008		296	
四　川	42	11		26		2731		577	
贵　州	4	2		3		339		90	
云　南									
西　藏									
陕　西	30	10	1	21	5	1077	285	245	42
甘　肃	7			20		400		140	
青　海									
宁　夏									
新　疆	1	1		1		110		26	
兵　团									

全国各地区各类课本出版数量（续表5）

	扫盲课本								
	种数（种）		租型种数（种）	总印数（万册、张）		总印张（千印张）		定价总金额（万元）	
	合计	初版		合计	租型	合计	租型	合计	租型
全国总计	**3**					**17**		**3**	
中　　央									
地　　方	**3**					**17**		**3**	
北　　京									
天　　津									
河　　北									
山　　西									
内 蒙 古									
辽　　宁									
吉　　林									
黑 龙 江									
上　　海									
江　　苏									
浙　　江									
安　　徽									
福　　建	3					17		3	
江　　西									
山　　东									
河　　南									
湖　　北									
湖　　南									
广　　东									
广　　西									
海　　南									
重　　庆									
四　　川									
贵　　州									
云　　南									
西　　藏									
陕　　西									
甘　　肃									
青　　海									
宁　　夏									
新　　疆									
兵　　团									

全国各地区各类课本出版数量（续表6）

	教学用书								
	种数（种）		租型种数（种）	总印数（万册、张）		总印张（千印张）		定价总金额（万元）	
	合计	初版		合计	租型	合计	租型	合计	租型
全国总计	**3963**	**608**	**222**	**2768**	**323**	**338692**	**25033**	**76637**	**4361**
中　　央	**1211**	**227**	**4**	**1418**		**202973**	**65**	**46260**	**12**
地　　方	**2752**	**381**	**218**	**1350**	**323**	**135719**	**24968**	**30377**	**4349**
北　　京	81	14		24		3101		614	
天　　津	52	19		23		5819		2696	
河　　北	115	5		50		5657		1275	
山　　西	1	1				14		3	
内 蒙 古	143	14		10		1676		198	
辽　　宁	98	20	9	14	1	1388	133	315	17
吉　　林	45	11	1	9		1616	15	225	4
黑 龙 江	18	8	2	2		307	2	68	
上　　海	587	89		168		18301		3310	
江　　苏	262	44	89	235	68	32401	8959	7957	2484
浙　　江	128	12	9	94	39	7518	2377	1842	198
安　　徽	12	8	17	6	4	550	357	175	138
福　　建	39	1		8		665		258	
江　　西	9			62		1854		742	
山　　东	275	6		68		8388		1566	
河　　南	42	13		9		1046		1112	
湖　　北			42	9	9	1119	1119	181	181
湖　　南	95	14		44		3729		1478	
广　　东	170	16	6	447	197	33248	11455	4652	1247
广　　西	26	2	11	6	1	357	92	91	18
海　　南									
重　　庆	71	7		19		2165		864	
四　　川	43	16		11		1672		280	
贵　　州									
云　　南	2	1		1		66		20	
西　　藏	46		18	11	3	1177	311	103	25
陕　　西	10	1		4		343		84	
甘　　肃	6	6		1		78		18	
青　　海	19			2		102		5	
宁　　夏									
新　　疆	357	53	14	13	1	1362	148	245	37
兵　　团									

在地方图书出版数量中各省（自治区、直辖市）所占百分比

	种数		租型种数	总印数			总印张			定价总金额		
	合计	初版		合计	初版	租型	合计	初版	租型	合计	初版	租型
地方	**100.00**	**100.00**	**100.00**	**100.00**	**100.00**	**100.00**	**100.00**	**100.00**	**100.00**	**100.00**	**100.00**	**100.00**
北京	4.57	4.70		4.25	5.17		4.65	6.29		5.74	6.40	
天津	2.26	2.90	1.76	0.97	1.53	0.71	1.09	1.71	0.72	1.68	2.43	0.72
河北	3.09	2.09	3.60	4.06	3.00	4.63	3.97	2.77	4.85	3.56	2.55	4.67
山西	1.17	1.46	2.26	1.49	2.04	2.37	1.91	3.31	2.48	1.71	2.27	2.52
内蒙古	1.08	1.15	3.31	0.93	0.60	2.22	0.98	0.77	2.52	0.77	0.85	2.47
辽宁	3.46	3.21	2.65	2.23	2.51	1.87	2.29	2.41	1.96	2.33	2.31	1.85
吉林	8.97	10.62	4.80	3.61	5.70	2.43	3.75	5.54	2.41	4.32	5.61	2.62
黑龙江	2.44	3.56	4.59	1.16	1.35	2.14	1.30	1.48	2.17	1.21	1.33	2.30
上海	9.15	8.94	0.03	6.31	10.61	0.04	7.02	9.34	0.03	9.31	12.55	0.07
江苏	9.18	8.78	4.06	9.46	9.48	6.29	8.78	9.08	5.89	8.70	9.17	5.99
浙江	4.72	4.41	4.18	6.02	6.16	5.34	5.66	5.54	5.31	5.86	5.83	5.39
安徽	3.15	3.35	6.05	3.76	4.74	4.18	3.55	3.75	4.35	3.60	3.79	4.65
福建	1.32	1.68	1.72	1.47	1.47	2.19	1.54	1.71	2.23	1.46	1.66	2.05
江西	2.50	2.79	1.93	3.23	3.11	4.00	2.80	2.69	4.42	2.76	2.67	3.93
山东	5.31	3.61	7.64	8.01	4.15	8.74	6.81	3.57	6.68	6.03	3.81	7.95
河南	2.86	2.96	2.39	3.71	2.51	6.40	3.75	2.16	6.93	2.83	2.12	6.25
湖北	5.03	5.09	3.87	4.08	5.52	4.14	4.35	5.94	4.06	4.88	6.17	4.46
湖南	4.20	3.30	3.84	7.80	8.86	6.77	7.65	8.64	6.02	7.51	6.73	6.53
广东	3.61	4.09	1.27	4.71	2.98	4.65	4.70	3.48	5.01	3.89	3.58	4.32
广西	2.47	1.97	4.73	4.41	2.60	5.15	4.03	2.34	5.44	3.52	2.40	5.14
海南	1.26	0.95	1.76	0.86	0.79	0.66	0.83	0.82	0.63	0.84	0.78	0.71
重庆	1.89	1.41	2.14	1.92	1.40	1.79	1.72	1.35	1.65	1.66	1.25	2.02
四川	3.62	4.07	4.05	3.67	2.99	4.60	3.83	3.30	4.68	3.32	3.14	4.80
贵州	0.34	0.48	5.27	1.33	0.38	4.85	1.28	0.40	4.97	0.85	0.39	4.79
云南	2.85	2.85	2.70	2.30	2.20	3.63	2.60	2.74	4.06	2.26	2.26	3.66
西藏	0.20	0.17	2.79	0.23	0.05	0.57	0.21	0.09	0.55	0.16	0.09	0.63
陕西	3.43	3.39	4.81	2.91	2.52	3.11	3.28	3.03	3.41	3.47	3.01	3.08
甘肃	1.16	1.38	2.15	1.14	1.32	1.99	1.19	1.31	2.10	0.98	0.94	1.86
青海	0.20	0.20	1.92	0.16	0.06	0.46	0.17	0.08	0.49	0.11	0.11	0.45
宁夏	1.03	1.06	1.65	0.69	0.73	0.53	0.90	0.87	0.54	0.97	0.83	0.61
新疆	3.32	3.12	6.06	3.07	3.30	3.54	3.34	3.28	3.43	3.57	2.76	3.51
兵团	0.15	0.25		0.06	0.16		0.08	0.20		0.14	0.25	

全国图书出版

	图书总计					使用《中国标 书 籍				
	种数（种）		印数（万册、张）	印张（千印张）	总定价（万元）	种数（种）		印数（万册、张）	印张（千印张）	总定价（万元）
	合计	初版				合计	初版			
全国总计	**499884**	**262415**	**903682**	**77721102**	**15809598**	**410438**	**234873**	**574127**	**51395878**	**12222434**
中　　央	**199701**	**106901**	**241215**	**26290309**	**5965734**	**147787**	**92326**	**147187**	**16801784**	**4416914**
地　　方	**300183**	**155514**	**662467**	**51430793**	**9843864**	**262651**	**142547**	**426940**	**34594094**	**7805520**
北　　京	13712	7310	28144	2389696	564823	12820	6929	26083	2184482	528686
天　　津	6789	4507	6425	561438	165854	6198	4271	5003	443455	148795
河　　北	9263	3254	26865	2040127	350303	8896	3201	15124	1248525	267839
山　　西	3513	2264	9860	980272	168369	3386	2188	5256	654161	129067
内 蒙 古	3249	1791	6172	503711	75862	2418	1700	2032	204267	46573
辽　　宁	10385	4993	14758	1176157	229012	7207	3939	8463	710175	158646
吉　　林	26919	16516	23922	1927029	424882	25694	15651	19764	1631538	388558
黑 龙 江	7336	5541	7694	666381	118962	6560	5167	4125	420454	87067
上　　海	27481	13907	41806	3612034	916221	21157	11774	27908	2416654	721459
江　　苏	27569	13647	62656	4513855	856653	24209	12459	42354	3146238	688844
浙　　江	14165	6853	39900	2911230	576972	12487	6368	27518	2095823	477897
安　　徽	9441	5212	24892	1827684	354293	8491	4893	16348	1218931	274220
福　　建	3954	2620	9710	793481	143426	3507	2456	5225	474491	108522
江　　西	7491	4345	21423	1439798	271533	7202	4288	14479	892426	215988
山　　东	15925	5618	53037	3500830	593363	14429	5256	34626	2332345	449557
河　　南	8588	4598	24608	1930044	278925	7610	4214	11509	980491	175371
湖　　北	15105	7911	27044	2236384	480284	12605	7013	18723	1592552	392779
湖　　南	12618	5137	51704	3932076	739615	11760	4847	37574	3045853	629957
广　　东	10841	6367	31196	2419153	383020	9263	5928	15142	1264293	256445
广　　西	7406	3067	29197	2075167	346993	7015	3017	19636	1439767	282756
海　　南	3797	1483	5717	424989	82891	3723	1468	4252	338659	72249
重　　庆	5685	2195	12751	887150	162977	3691	1593	6231	454213	103113
四　　川	10878	6332	24296	1967670	327175	8860	5435	14749	1215760	238825
贵　　州	1013	742	8823	660392	83357	921	731	2857	220216	39657
云　　南	8563	4436	15244	1335854	222941	8382	4401	8338	851790	175048
西　　藏	588	260	1497	108359	15576	440	258	400	31727	6323
陕　　西	10284	5271	19304	1688853	341364	8079	4095	11325	1071641	268307
甘　　肃	3484	2149	7541	611132	96423	3439	2127	4597	379136	74483
青　　海	613	306	1030	87068	11266	465	306	193	20660	5322
宁　　夏	3098	1645	4552	462796	95490	3088	1642	3742	401767	88298
新　　疆	9975	4846	20316	1717187	351496	8194	4541	12981	1168808	291326
兵　　团	455	391	383	42796	13543	455	391	383	42796	13543

数量（书籍、课本、图片）

准书号》部分					不使用《中国标准书号》部分——图片合计					附：活页文选影印书等用纸		
课本												
种数（种）		印数（万册、张）	印张（千印张）	总定价（万元）	种数（种）		印数（万册、张）	印张（千印张）	总定价（万元）	印数（万册、张）	印张（千印张）	总定价（万元）
合计	初版				合计	初版						
89001	**27337**	**327691**	**26250786**	**3550367**	**445**	**205**	**413**	**10508**	**6412**	**1451**	**63930**	**30385**
51684	**14448**	**92549**	**9430944**	**1517331**	**230**	**127**	**309**	**5873**	**3150**	**1170**	**51708**	**28339**
37317	**12889**	**235142**	**16819842**	**2033036**	**215**	**78**	**104**	**4635**	**3262**	**281**	**12222**	**2046**
885	380	2059	205094	35984	7	1	2	120	153			
591	236	1422	117983	17059								
367	53	11741	791602	82464								
127	76	4604	326111	39302								
831	91	4140	299444	29289								
3176	1054	6294	465976	70362	2		1	6	4			
1225	865	4158	295491	36324								
776	374	3569	245927	31895								
6304	2122	13890	1195268	194580	20	11	7	56	127	1	56	55
3264	1169	20061	1355909	165683	96	19	24	2109	759	217	9599	1367
1597	439	12314	812692	96764	81	46	65	2214	2174	3	501	137
950	319	8544	608753	80073								
447	164	4485	318990	34904								
289	57	6944	547372	55545								
1496	362	18411	1168485	143806								
978	384	13099	949553	103554								
2500	898	8321	643832	87505								
858	290	14125	885430	109479						5	793	179
1577	439	16053	1154850	126573	1		1	10	2			
389	50	9561	635325	64216	2			75	21			
74	15	1414	85499	10449						51	831	193
1994	602	6520	432937	59864								
2018	897	9547	751910	88350								
92	11	5966	440176	43700								
175	34	6900	483911	47851	6	1	4	45	22	2	108	20
148	2	1097	76632	9253								
2205	1176	7978	616990	72984						1	222	73
45	22	2944	231996	21940								
148		837	66408	5944								
10	3	810	61029	7192								
1781	305	7334	548267	60148						1	112	22

使用《中国标准书号》各类图书的
平均印数、平均印张、平均定价和平均印张定价

全 国

	平均印数（万册/种）			平均印张（印张/册）			平均定价（元/册）			平均印张定价（元/印张）		
	初版	重印	租型	初版	重印	租型	初版	重印	租型	初版	重印	租型
使用《中国标准书号》部分合计	**0.91**	**2.15**	**12.98**	**10.06**	**8.31**	**7.33**	**28.34**	**15.29**	**7.72**	**2.82**	**1.84**	**1.05**
A 马列主义、毛泽东思想	0.60	4.31	14.35	15.38	16.97	7.26	42.84	26.43	12.88	2.79	1.56	1.77
B 哲学	0.54	0.90	4.90	14.36	13.77	8.67	48.20	33.68	18.00	3.36	2.45	2.08
C 社会科学总论	0.36	0.61		16.12	16.35		51.84	36.37		3.22	2.22	
D 政治、法律	1.52	1.52	9.97	10.75	8.72	10.91	25.01	19.14	24.40	2.33	2.20	2.24
E 军事	0.46	0.80		15.40	12.13		46.20	26.38		3.00	2.17	
F 经济	0.46	0.47	0.05	14.83	17.48	16.50	44.26	38.56	38.00	2.98	2.21	2.30
G 文化、科学、教育、体育	1.52	3.40	13.08	8.34	7.21	7.32	18.71	11.86	7.65	2.24	1.64	1.05
H 语言、文字	0.61	1.27	5.83	13.38	14.43	7.31	36.10	30.75	8.48	2.70	2.13	1.16
I 文学	0.88	1.83	1.88	10.04	10.12	7.56	28.77	22.96	17.02	2.87	2.27	2.25
J 艺术	0.57	0.96	0.27	8.00	7.87	7.01	47.17	23.10	16.36	5.90	2.93	2.33
K 历史、地理	0.48	1.25	4.02	14.83	10.99	10.74	67.09	27.71	20.84	4.52	2.52	1.94
N 自然科学总论	0.44	0.82	14.70	11.55	13.85	8.50	46.49	36.44	17.00	4.03	2.63	2.00
O 数理科学、化学	0.43	0.49	0.12	14.02	16.31	34.95	36.61	31.69	50.00	2.61	1.94	1.43
P 天文学、地球科学	0.36	0.60		11.93	11.39		54.14	39.29		4.54	3.45	
Q 生物科学	0.58	0.62		8.20	13.84		37.73	31.75		4.60	2.29	
R 医药、卫生	0.44	0.63	0.22	16.86	17.10	11.34	55.04	38.95	30.99	3.27	2.28	2.73
S 农业科学	0.30	0.42	1.80	11.00	11.11	5.20	42.42	25.04	10.91	3.86	2.25	2.10
T 工业技术	0.34	0.34		16.19	18.00		53.64	38.89		3.31	2.16	
U 交通运输	0.39	0.56		12.07	13.78		38.76	35.98		3.21	2.61	
V 航空、航天	0.24	0.37		15.87	13.49		73.98	37.21		4.66	2.76	
X 环境科学	0.35	0.45		9.71	11.46		39.97	26.94		4.12	2.35	
Z 综合性图书	0.50	1.45	2.86	14.31	11.42	8.31	80.61	33.98	19.90	5.63	2.98	2.39

使用《中国标准书号》各类图书的
平均印数、平均印张、平均定价和平均印张定价（续表1）

中　央

	平均印数（万册/种）			平均印张（印张/册）			平均定价（元/册）			平均印张定价（元/印张）		
	初版	重印	租型	初版	重印	租型	初版	重印	租型	初版	重印	租型
使用《中国标准书号》部分合计	**0.78**	**1.69**	**11.62**	**12.15**	**10.31**	**7.47**	**35.88**	**18.88**	**7.46**	**2.95**	**1.83**	**1.00**
A 马列主义、毛泽东思想	0.42	6.95		17.41	17.12		53.39	26.36		3.07	1.54	
B 哲学	0.56	1.02		14.75	14.01		54.53	34.39		3.70	2.46	
C 社会科学总论	0.38	0.65		17.17	16.68		57.30	36.31		3.34	2.18	
D 政治、法律	1.88	1.64		10.71	8.48		24.15	19.19		2.25	2.26	
E 军事	0.42	0.43		16.39	16.00		53.36	38.34		3.26	2.40	
F 经济	0.54	0.49		14.62	17.69		43.40	39.39		2.97	2.23	
G 文化、科学、教育、体育	1.35	5.24	11.62	9.63	7.95	7.47	20.69	11.57	7.46	2.15	1.45	1.00
H 语言、文字	0.68	1.33		14.92	15.36		40.94	33.57		2.75	2.19	
I 文学	0.72	1.47		11.28	13.93		34.45	27.31		3.05	1.96	
J 艺术	0.67	0.67		8.74	10.47		49.89	33.83		5.71	3.23	
K 历史、地理	0.58	1.49		14.90	10.63		67.05	27.29		4.50	2.57	
N 自然科学总论	0.47	0.69		12.69	18.30		51.69	49.83		4.07	2.72	
O 数理科学、化学	0.40	0.43		15.89	18.98		38.55	35.41		2.43	1.87	
P 天文学、地球科学	0.31	0.34		13.97	15.73		68.26	51.10		4.89	3.25	
Q 生物科学	0.56	0.39		9.23	19.94		43.79	43.20		4.75	2.17	
R 医药、卫生	0.48	0.60		18.89	19.78		62.30	42.65		3.30	2.16	
S 农业科学	0.30	0.34		12.03	13.28		46.32	29.93		3.85	2.25	
T 工业技术	0.34	0.34		17.44	18.76		57.13	39.86		3.28	2.12	
U 交通运输	0.36	0.61		11.84	13.87		41.55	36.05		3.51	2.60	
V 航空、航天	0.21	0.28		17.06	15.51		83.99	47.75		4.92	3.08	
X 环境科学	0.31	0.30		10.81	14.26		48.16	31.19		4.45	2.19	
Z 综合性图书	0.64	1.55		16.17	13.02		103.65	47.87		6.41	3.68	

使用《中国标准书号》各类图书的
平均印数、平均印张、平均定价和平均印张定价（续表2）

地　方

	平均印数（万册/种）			平均印张（印张/册）			平均定价（元/册）			平均印张定价（元/印张）		
	初版	重印	租型	初版	重印	租型	初版	重印	租型	初版	重印	租型
使用《中国标准书号》部分合计	**1.01**	**2.45**	**12.99**	**8.96**	**7.42**	**7.33**	**24.34**	**13.71**	**7.72**	**2.72**	**1.85**	**1.05**
A 马列主义、毛泽东思想	0.82	0.36	14.35	14.14	12.54	7.26	36.41	28.45	12.88	2.58	2.27	1.77
B 哲学	0.51	0.71	4.90	13.87	13.22	8.67	40.16	32.01	18.00	2.89	2.42	2.08
C 社会科学总论	0.35	0.54		14.75	15.62		44.68	36.50		3.03	2.34	
D 政治、法律	0.57	1.08	9.97	11.04	10.03	10.91	32.39	18.90	24.40	2.93	1.88	2.24
E 军事	0.52	1.55		13.92	9.93		35.42	19.58		2.54	1.97	
F 经济	0.31	0.41	0.05	15.56	16.76	16.50	47.14	35.82	38.00	3.03	2.14	2.30
G 文化、科学、教育、体育	1.56	3.03	13.08	8.06	6.96	7.32	18.28	11.96	7.65	2.27	1.72	1.05
H 语言、文字	0.55	1.18	5.83	11.55	12.90	7.31	30.34	26.12	8.48	2.63	2.02	1.16
I 文学	0.95	1.94	1.88	9.65	9.26	7.56	26.98	21.98	17.02	2.80	2.37	2.25
J 艺术	0.53	1.11	0.27	7.59	7.07	7.01	45.64	19.79	16.36	6.02	2.80	2.33
K 历史、地理	0.41	0.92	4.02	14.76	11.79	10.74	67.13	28.68	20.84	4.55	2.43	1.94
N 自然科学总论	0.42	0.93	14.70	10.40	11.08	8.50	41.27	28.09	17.00	3.97	2.54	2.00
O 数理科学、化学	0.46	0.64	0.12	11.61	11.22	34.95	34.10	24.58	50.00	2.94	2.19	1.43
P 天文学、地球科学	0.46	0.93		9.42	9.28		36.76	33.56		3.90	3.62	
Q 生物科学	0.61	1.02		7.32	9.66		32.59	23.90		4.45	2.47	
R 医药、卫生	0.39	0.71	0.22	13.67	10.81	11.34	43.68	30.26	30.99	3.19	2.80	2.73
S 农业科学	0.30	0.60	1.80	9.70	8.24	5.20	37.48	18.57	10.91	3.86	2.25	2.10
T 工业技术	0.34	0.38		13.41	14.73		45.88	34.72		3.42	2.36	
U 交通运输	0.43	0.34		12.46	13.04		34.08	35.50		2.74	2.72	
V 航空、航天	0.32	0.56		13.78	11.49		56.36	26.74		4.09	2.33	
X 环境科学	0.41	0.96		8.32	8.49		29.61	22.46		3.56	2.65	
Z 综合性图书	0.43	1.40	2.86	12.92	10.64	8.31	63.42	27.23	19.90	4.91	2.56	2.39

各地区使用《中国标准书号》图书的平均印数、平均印张、平均定价和平均印张定价

使用《中国标准书号》部分合计

	平均印数（万册/种）			平均印张（印张/册）			平均定价（元/册）			平均印张定价（元/印张）		
	初版	重印	租型	初版	重印	租型	初版	重印	租型	初版	重印	租型
全国总计	**0.91**	**2.15**	**12.98**	**10.06**	**8.31**	**7.33**	**28.34**	**15.29**	**7.72**	**2.82**	**1.84**	**1.05**
中　　央	**0.78**	**1.69**	**11.62**	**12.15**	**10.31**	**7.47**	**35.88**	**18.88**	**7.46**	**2.95**	**1.83**	**1.00**
地　　方	**1.01**	**2.45**	**12.99**	**8.96**	**7.42**	**7.33**	**24.34**	**13.71**	**7.72**	**2.72**	**1.85**	**1.05**
北　　京	1.11	3.13		10.89	7.52		30.06	16.01		2.76	2.13	
天　　津	0.53	1.29	5.28	10.00	8.20	7.38	38.63	21.98	7.78	3.86	2.68	1.05
河　　北	1.45	2.52	16.72	8.26	7.35	7.67	20.66	13.10	7.77	2.50	1.78	1.01
山　　西	1.41	2.47	13.58	14.54	7.80	7.68	27.14	16.89	8.23	1.87	2.17	1.07
内 蒙 古	0.53	1.29	8.72	11.49	6.24	8.31	34.39	7.81	8.59	2.99	1.25	1.03
辽　　宁	0.79	1.48	9.14	8.60	7.76	7.69	22.33	14.93	7.65	2.60	1.92	1.00
吉　　林	0.54	1.09	6.58	8.71	7.79	7.27	23.93	15.94	8.32	2.75	2.04	1.14
黑 龙 江	0.38	1.31	6.05	9.84	9.26	7.45	23.89	17.68	8.31	2.43	1.91	1.12
上　　海	1.20	1.85	13.51	7.88	9.15	6.28	28.78	17.38	15.39	3.65	1.90	2.45
江　　苏	1.08	2.76	20.11	8.63	6.76	6.85	23.75	11.41	7.34	2.75	1.69	1.07
浙　　江	1.41	3.05	16.59	8.07	6.97	7.30	22.93	13.15	7.79	2.84	1.89	1.07
安　　徽	1.43	2.64	8.96	7.08	7.35	7.64	19.47	13.93	8.59	2.75	1.89	1.12
福　　建	0.88	3.07	16.54	10.43	7.48	7.45	27.50	13.71	7.20	2.64	1.83	0.97
江　　西	1.13	3.34	26.91	7.73	5.46	8.11	20.86	11.79	7.58	2.70	2.16	0.94
山　　东	1.16	3.23	14.87	7.69	6.78	5.60	22.30	10.67	7.01	2.90	1.57	1.25
河　　南	0.86	2.76	34.70	7.71	7.80	7.94	20.50	11.38	7.54	2.66	1.46	0.95
湖　　北	1.10	1.69	13.91	9.63	7.86	7.17	27.17	15.90	8.31	2.82	2.02	1.16
湖　　南	2.71	3.69	22.88	8.72	7.44	6.52	18.46	14.74	7.45	2.12	1.98	1.14
广　　东	0.74	4.36	47.68	10.43	7.06	7.90	29.16	10.06	7.18	2.79	1.42	0.91
广　　西	1.33	4.00	14.15	8.04	6.60	7.74	22.44	11.28	7.69	2.79	1.71	0.99
海　　南	0.83	1.48	4.90	9.35	6.96	6.99	24.13	13.00	8.31	2.58	1.87	1.19
重　　庆	1.00	2.25	10.85	8.64	6.56	6.75	21.72	11.68	8.69	2.52	1.78	1.29
四　　川	0.74	2.79	14.75	9.86	7.80	7.46	25.50	11.96	8.06	2.59	1.53	1.08
贵　　州	0.79	3.37	11.96	9.45	6.07	7.50	25.03	14.09	7.61	2.65	2.32	1.01
云　　南	0.78	1.53	17.44	11.13	7.96	8.20	25.02	14.88	7.78	2.25	1.87	0.95
西　　藏	0.33	1.70	2.64	15.49	6.13	7.14	40.39	8.67	8.56	2.61	1.41	1.20
陕　　西	0.75	2.13	8.39	10.77	8.32	8.02	29.05	17.89	7.64	2.70	2.15	0.95
甘　　肃	0.97	1.85	11.98	8.87	7.90	7.74	17.30	15.72	7.23	1.95	1.99	0.93
青　　海	0.29	0.79	3.14	11.72	9.31	7.73	47.03	7.62	7.43	4.01	0.82	0.96
宁　　夏	0.69	1.80	4.17	10.74	10.73	7.51	27.79	21.72	8.87	2.59	2.02	1.18
新　　疆	1.07	1.91	7.59	8.91	8.95	7.09	20.35	20.96	7.64	2.28	2.34	1.08
兵　　团	0.66	1.97		11.05	11.41		36.64	32.69		3.32	2.86	

各地区使用《中国标准书号》各类图书的平均印数、平均印张、平均定价和平均印张定价（续表1）

A　马克思主义、列宁主义、毛泽东思想

	平均印数（万册/种）			平均印张（印张/册）			平均定价（元/册）			平均印张定价（元/印张）		
	初版	重印	租型	初版	重印	租型	初版	重印	租型	初版	重印	租型
全国总计	**0.60**	**4.31**	**14.35**	**15.38**	**16.97**	**7.26**	**42.84**	**26.43**	**12.88**	**2.79**	**1.56**	**1.77**
中　　央	**0.42**	**6.95**		**17.41**	**17.12**		**53.39**	**26.36**		**3.07**	**1.54**	
地　　方	**0.82**	**0.36**	**14.35**	**14.14**	**12.54**	**7.26**	**36.41**	**28.45**	**12.88**	**2.58**	**2.27**	**1.77**
北　　京	0.11	1.01		14.55	6.39		63.85	15.56		4.39	2.44	
天　　津	0.10	0.27		14.46	15.64		58.00	24.40		4.01	1.56	
河　　北	16.08			14.20			38.30			2.70		
山　　西	0.40			26.35			75.88			2.88		
内 蒙 古	0.02	0.70		8.50	25.05		26.00	29.00		3.06	1.16	
辽　　宁	0.22	0.23	5.08	19.55	19.28	4.94	52.34	39.36	5.49	2.68	2.04	1.11
吉　　林	0.32	0.21		14.63	11.94		33.90	23.44		2.32	1.96	
黑 龙 江	0.09	0.18		15.59	16.44		42.93	27.06		2.75	1.65	
上　　海	0.27	0.22		14.19	22.93		44.02	58.29		3.10	2.54	
江　　苏	0.44	0.31		12.52	15.06		28.06	28.47		2.24	1.89	
浙　　江	0.65	0.10	28.25	10.66	8.75	7.88	25.60	15.00	14.87	2.40	1.71	1.89
安　　徽	0.15	0.33		19.47	12.02		44.94	21.54		2.31	1.79	
福　　建	0.58	0.08		14.53	15.21		28.82	20.63		1.98	1.36	
江　　西	0.30	0.10		17.93	18.68		34.40	36.00		1.92	1.93	
山　　东	0.16	0.95		11.49	9.81		45.65	27.53		3.97	2.81	
河　　南	0.04	0.30		11.53	17.72		46.88	33.00		4.07	1.86	
湖　　北	0.13	0.94		10.86	15.63		23.77	27.50		2.19	1.76	
湖　　南	0.29	0.28		12.51	12.52		26.22	110.60		2.10	8.84	
广　　东	0.35	0.45		4.75	6.47		12.92	19.50		2.72	3.01	
广　　西	0.08	0.75		22.76	10.11		253.84	25.33		11.15	2.51	
海　　南												
重　　庆	0.15	0.10		26.50	16.25		48.00	29.00		1.81	1.78	
四　　川	0.30	0.45		14.70	24.91		36.41	48.90		2.48	1.96	
贵　　州												
云　　南	0.21			26.96			86.43			3.21		
西　　藏	1.10			17.14			16.09			0.94		
陕　　西	0.76	0.22		15.71	17.24		25.52	31.89		1.62	1.85	
甘　　肃	0.10			20.25			51.00			2.52		
青　　海												
宁　　夏												
新　　疆												
兵　　团												

各地区使用《中国标准书号》各类图书的平均印数、平均印张、平均定价和平均印张定价（续表2）

B 哲　学

	平均印数（万册/种）			平均印张（印张/册）			平均定价（元/册）			平均印张定价（元/印张）		
	初版	重印	租型	初版	重印	租型	初版	重印	租型	初版	重印	租型
全国总计	**0.54**	**0.90**	**4.90**	**14.36**	**13.77**	**8.67**	**48.20**	**33.68**	**18.00**	**3.36**	**2.45**	**2.08**
中　央	**0.56**	**1.02**		**14.75**	**14.01**		**54.53**	**34.39**		**3.70**	**2.46**	
地　方	**0.51**	**0.71**	**4.90**	**13.87**	**13.22**	**8.67**	**40.16**	**32.01**	**18.00**	**2.89**	**2.42**	**2.08**
北　京	0.56	1.26		14.54	16.65		38.46	36.00		2.64	2.16	
天　津	0.85	2.90		9.21	12.57		27.49	31.95		2.98	2.54	
河　北	0.05	3.30	4.90	14.00	16.50	8.67	29.00	29.00	18.00	2.07	1.76	2.08
山　西	0.29	0.54		13.24	12.50		43.18	35.29		3.26	2.82	
内蒙古	0.10	0.19		17.50	21.88		82.32	36.41		4.71	1.66	
辽　宁	0.36	0.56		13.72	14.30		29.11	28.22		2.12	1.97	
吉　林	0.46	0.55		14.67	14.18		44.47	31.45		3.03	2.22	
黑龙江	0.21	0.19		11.21	14.55		36.72	31.63		3.28	2.17	
上　海	0.43	0.54		17.94	14.74		47.83	37.32		2.67	2.53	
江　苏	0.96	0.48		12.24	13.57		34.04	31.25		2.78	2.30	
浙　江	0.58	1.09		15.21	12.43		51.95	34.62		3.41	2.79	
安　徽	0.28	0.45		16.29	16.69		36.09	32.31		2.22	1.94	
福　建	0.62	0.88		11.21	11.66		36.91	21.57		3.29	1.85	
江　西	0.67	1.45		12.19	10.59		32.49	19.38		2.66	1.83	
山　东	0.41	1.22		13.56	10.43		55.31	25.23		4.08	2.42	
河　南	0.30	0.59		13.63	8.78		51.71	17.56		3.79	2.00	
湖　北	0.44	0.48		12.26	13.50		39.32	29.18		3.21	2.16	
湖　南	0.24	2.31		12.25	14.00		42.02	19.08		3.43	1.36	
广　东	0.49	0.74		16.92	12.99		39.87	37.37		2.36	2.88	
广　西	0.57	1.60		10.41	7.47		38.95	25.10		3.74	3.36	
海　南	0.45	0.55		16.04	20.01		38.54	40.69		2.40	2.03	
重　庆	0.33	0.32		11.44	11.94		41.26	29.92		3.61	2.51	
四　川	0.90	0.30		11.47	18.15		37.18	41.50		3.24	2.29	
贵　州	0.17	0.22		15.42	8.99		88.64	26.46		5.75	2.94	
云　南	0.23	0.24		13.82	13.91		56.83	30.54		4.11	2.20	
西　藏	0.30	0.46		20.82	5.76		57.31	13.57		2.75	2.35	
陕　西	0.29	0.33		15.94	18.24		58.58	49.93		3.68	2.74	
甘　肃	0.69	6.00		21.80	16.11		47.10	43.13		2.16	2.68	
青　海	0.23	0.27		13.76	14.46		50.61	23.96		3.68	1.66	
宁　夏	0.25	0.76		16.99	20.42		66.44	36.01		3.91	1.76	
新　疆	0.28	0.56		8.62	14.87		24.39	28.43		2.83	1.91	
兵　团	0.35			17.07			47.86			2.80		

各地区使用《中国标准书号》各类图书的平均印数、平均印张、平均定价和平均印张定价（续表3）

C　社会科学总论

	平均印数（万册/种）			平均印张（印张/册）			平均定价（元/册）			平均印张定价（元/印张）		
	初版	重印	租型	初版	重印	租型	初版	重印	租型	初版	重印	租型
全国总计	**0.36**	**0.61**		**16.12**	**16.35**		**51.84**	**36.37**		**3.22**	**2.22**	
中　央	**0.38**	**0.65**		**17.17**	**16.68**		**57.30**	**36.31**		**3.34**	**2.18**	
地　方	**0.35**	**0.54**		**14.75**	**15.62**		**44.68**	**36.50**		**3.03**	**2.34**	
北　京	0.47	0.77		13.74	14.77		37.45	26.93		2.73	1.82	
天　津	0.83	0.65		13.25	15.53		39.28	32.80		2.96	2.11	
河　北	0.49			17.00			46.85			2.76		
山　西	0.46	0.58		21.07	12.80		64.17	28.00		3.05	2.19	
内蒙古	0.14	1.10		12.64	17.69		37.68	31.34		2.98	1.77	
辽　宁	0.18	0.31		14.77	16.35		39.29	33.78		2.66	2.07	
吉　林	0.42	0.94		15.60	11.80		52.05	34.56		3.34	2.93	
黑龙江	0.15	0.26		16.15	24.75		37.78	44.53		2.34	1.80	
上　海	0.36	0.65		17.40	19.84		45.57	42.49		2.62	2.14	
江　苏	0.67	0.95		11.60	14.30		46.00	34.54		3.97	2.42	
浙　江	0.30	0.57		15.43	13.32		50.34	40.41		3.26	3.03	
安　徽	0.26	0.26		15.01	14.68		43.41	29.42		2.89	2.00	
福　建	0.39	0.09		14.32	17.17		38.01	38.70		2.65	2.25	
江　西	0.63	0.14		13.16	10.22		37.88	17.50		2.88	1.71	
山　东	0.19	0.46		16.44	8.84		61.86	29.68		3.76	3.36	
河　南	0.36	0.31		12.95	17.56		36.58	27.52		2.83	1.57	
湖　北	0.30	0.35		11.50	17.17		32.28	32.73		2.81	1.91	
湖　南	0.20	0.39		15.78	15.14		44.36	31.24		2.81	2.06	
广　东	0.28	0.32		17.87	15.88		51.76	30.76		2.90	1.94	
广　西	0.55	2.26		16.17	11.44		56.05	31.31		3.47	2.74	
海　南	0.36	0.51		24.35	21.42		48.09	47.39		1.97	2.21	
重　庆	0.31	0.27		13.12	16.81		43.27	40.26		3.30	2.39	
四　川	0.22	0.24		15.69	16.36		50.51	32.91		3.22	2.01	
贵　州	0.14			19.50			48.59			2.49		
云　南	0.14	0.10		19.60	20.75		74.81	46.00		3.82	2.22	
西　藏	0.15			15.60			31.67			2.03		
陕　西	0.21	0.38		17.81	12.70		40.80	52.24		2.29	4.11	
甘　肃	1.05	0.30		10.44	10.65		13.78	27.07		1.32	2.54	
青　海	0.06	0.20		17.72	27.02		43.91	45.00		2.48	1.67	
宁　夏	0.21			15.86			57.53			3.63		
新　疆	0.36	0.30		2.14	11.34		14.73	23.00		6.87	2.03	
兵　团	0.03			15.74			39.00			2.48		

各地区使用《中国标准书号》各类图书的平均印数、平均印张、平均定价和平均印张定价（续表4）

D 政治、法律

	平均印数（万册/种）			平均印张（印张/册）			平均定价（元/册）			平均印张定价（元/印张）		
	初版	重印	租型	初版	重印	租型	初版	重印	租型	初版	重印	租型
全国总计	**1.52**	**1.52**	**9.97**	**10.75**	**8.72**	**10.91**	**25.01**	**19.14**	**24.40**	**2.33**	**2.20**	**2.24**
中　　央	**1.88**	**1.64**		**10.71**	**8.48**		**24.15**	**19.19**		**2.25**	**2.26**	
地　　方	**0.57**	**1.08**	**9.97**	**11.04**	**10.03**	**10.91**	**32.39**	**18.90**	**24.40**	**2.93**	**1.88**	**2.24**
北　　京	2.26	1.15		9.53	8.56		21.74	17.95		2.28	2.10	
天　　津	0.48	0.33	2.00	15.23	14.95	26.01	52.68	34.35	46.33	3.46	2.30	1.78
河　　北	0.28	1.39	5.99	10.42	9.13	20.40	22.44	18.11	38.65	2.15	1.98	1.89
山　　西	0.30	1.65	3.00	15.62	9.94	26.01	50.96	22.52	46.33	3.26	2.27	1.78
内 蒙 古	0.43	1.24		15.92	8.63		52.49	9.82		3.30	1.14	
辽　　宁	0.29	0.38		16.03	18.34		39.57	35.52		2.47	1.94	
吉　　林	0.12	0.38		15.03	10.12		42.40	24.74		2.82	2.44	
黑 龙 江	0.36	0.27		12.32	14.75		29.44	29.34		2.39	1.99	
上　　海	0.29	0.71	13.51	15.95	17.74	6.28	48.31	35.93	15.39	3.03	2.03	2.45
江　　苏	0.81	0.66	10.01	10.21	9.32	20.00	37.72	22.82	46.33	3.69	2.45	2.32
浙　　江	0.72	0.77		9.60	12.97		22.76	24.00		2.37	1.85	
安　　徽	0.36	0.23		12.83	18.12		34.60	34.59		2.70	1.91	
福　　建	0.58	1.18	4.00	11.27	14.80	25.87	35.97	35.41	46.33	3.19	2.39	1.79
江　　西	0.52	3.27		12.74	14.88		32.04	22.20		2.52	1.49	
山　　东	0.49	0.61	15.36	8.26	7.57	17.19	27.14	25.34	45.31	3.28	3.35	2.64
河　　南	0.48	0.61	8.50	11.60	14.27	8.62	35.45	27.89	15.00	3.06	1.95	1.74
湖　　北	0.37	1.66	87.25	11.10	6.61	2.74	37.89	9.26	7.26	3.41	1.40	2.65
湖　　南	1.30	1.18		6.68	6.84		18.16	15.06		2.72	2.20	
广　　东	0.40	2.87		15.51	7.08		44.36	13.45		2.86	1.90	
广　　西	3.00	0.90	6.00	6.87	14.18	13.57	18.08	31.26	24.93	2.63	2.20	1.84
海　　南	0.23	0.53		13.45	20.47		40.90	54.84		3.04	2.68	
重　　庆	0.25	0.19	2.79	15.95	17.19	19.48	37.94	33.41	45.42	2.38	1.94	2.33
四　　川	0.35	0.56	4.10	16.87	11.51	20.53	46.29	23.95	42.57	2.74	2.08	2.07
贵　　州	0.18			14.05			87.83			6.25		
云　　南	0.30	1.24	5.00	13.33	3.89	20.00	54.39	12.28	46.33	4.08	3.16	2.32
西　　藏	0.36	0.40	0.50	10.33	12.15	25.68	33.29	23.75	46.33	3.22	1.95	1.80
陕　　西	0.70	6.91	5.34	9.63	8.16	5.34	26.87	7.96	7.80	2.79	0.98	1.46
甘　　肃	0.37	0.26		18.65	12.85		53.27	40.00		2.86	3.11	
青　　海	0.13			21.95			51.37			2.34		
宁　　夏	0.55	2.51		13.29	18.00		30.80	26.00		2.32	1.44	
新　　疆	0.28	0.68		11.05	8.62		30.37	16.50		2.75	1.91	
兵　　团	0.17			19.39			112.83			5.82		

各地区使用《中国标准书号》各类图书的平均印数、平均印张、平均定价和平均印张定价（续表5）

E 军事

	平均印数（万册/种）			平均印张（印张/册）			平均定价（元/册）			平均印张定价（元/印张）		
	初版	重印	租型	初版	重印	租型	初版	重印	租型	初版	重印	租型
全国总计	**0.46**	**0.80**		**15.40**	**12.13**		**46.20**	**26.38**		**3.00**	**2.17**	
中　央	**0.42**	**0.43**		**16.39**	**16.00**		**53.36**	**38.34**		**3.26**	**2.40**	
地　方	**0.52**	**1.55**		**13.92**	**9.93**		**35.42**	**19.58**		**2.54**	**1.97**	
北　京	0.71	2.10		12.56	10.65		26.72	19.13		2.13	1.80	
天　津	0.31	0.10		22.80	9.07		43.33	19.80		1.90	2.18	
河　北	0.47			18.00			42.00			2.33		
山　西	0.24	0.38		19.45	10.80		42.59	17.57		2.19	1.63	
内蒙古	0.20			19.52			95.00			4.87		
辽　宁	0.26	0.42		16.60	17.43		37.14	28.35		2.24	1.63	
吉　林	0.47	0.59		12.50	10.94		40.03	39.20		3.20	3.58	
黑龙江	0.39	1.32		12.42	16.26		26.53	21.65		2.14	1.33	
上　海	0.39	0.37		16.43	16.55		61.16	30.46		3.72	1.84	
江　苏	2.56	7.06		13.59	4.74		27.42	10.35		2.02	2.18	
浙　江	0.57	7.85		6.35	5.99		20.31	7.93		3.20	1.32	
安　徽	0.84	2.55		15.53	16.23		35.99	26.45		2.32	1.63	
福　建	0.70	9.70		14.76	23.00		31.55	35.79		2.14	1.56	
江　西	0.64	0.80		9.84	9.42		26.60	16.61		2.70	1.76	
山　东	0.31	7.61		17.86	8.15		64.16	15.90		3.59	1.95	
河　南	0.65	0.56		14.59	9.72		34.00	21.17		2.33	2.18	
湖　北	0.45	0.56		13.92	13.90		42.16	30.70		3.03	2.21	
湖　南	0.35	0.56		19.51	15.40		45.25	31.71		2.32	2.06	
广　东	0.46	0.91		17.17	14.35		43.08	32.55		2.51	2.27	
广　西	0.13	0.78		18.68	17.67		64.31	38.11		3.44	2.16	
海　南	0.04			12.25			29.00			2.37		
重　庆		1.40			14.50			31.80			2.19	
四　川	0.33	0.49		13.74	10.81		34.38	25.12		2.50	2.32	
贵　州	0.20			6.69			16.00			2.39		
云　南	0.01			25.01			1326.67			53.04		
西　藏												
陕　西	0.25	0.90		15.05	14.34		41.31	27.75		2.74	1.93	
甘　肃	0.81			6.50			15.00			2.31		
青　海												
宁　夏	0.60			23.81			99.00			4.16		
新　疆	0.30			7.00			15.80			2.26		
兵　团	0.14			18.01			41.58			2.31		

各地区使用《中国标准书号》各类图书的平均印数、平均印张、平均定价和平均印张定价（续表6）

F 经 济

	平均印数（万册/种）			平均印张（印张/册）			平均定价（元/册）			平均印张定价（元/印张）		
	初版	重印	租型	初版	重印	租型	初版	重印	租型	初版	重印	租型
全国总计	**0.46**	**0.47**	**0.05**	**14.83**	**17.48**	**16.50**	**44.26**	**38.56**	**38.00**	**2.98**	**2.21**	**2.30**
中　　央	**0.54**	**0.49**		**14.62**	**17.69**		**43.40**	**39.39**		**2.97**	**2.23**	
地　　方	**0.31**	**0.41**	**0.05**	**15.56**	**16.76**	**16.50**	**47.14**	**35.82**	**38.00**	**3.03**	**2.14**	**2.30**
北　　京	0.54	0.33		17.58	16.23		47.43	31.95		2.70	1.97	
天　　津	0.21	0.35		15.92	16.79		50.90	34.04		3.20	2.03	
河　　北	0.12	0.93		14.22	8.35		43.63	17.08		3.07	2.05	
山　　西	0.30	0.37		17.32	15.84		68.75	32.85		3.97	2.07	
内 蒙 古	0.17	0.06		22.02	16.94		74.90	29.00		3.40	1.71	
辽　　宁	0.21	0.47		17.85	18.20		50.77	32.79		2.84	1.80	
吉　　林	0.18	0.63		14.85	11.29		38.73	23.52		2.61	2.08	
黑 龙 江	0.18	0.15		18.45	18.87		93.44	32.42		5.07	1.72	
上　　海	0.37	0.49		17.42	18.29		46.86	36.16		2.69	1.98	
江　　苏	0.25	0.31		14.52	16.43		44.62	36.20		3.07	2.20	
浙　　江	0.34	0.63		16.01	15.01		55.93	47.01		3.49	3.13	
安　　徽	0.27	0.27		17.24	14.62		56.72	29.53		3.29	2.02	
福　　建	0.31	0.33		15.46	17.09		54.75	41.21		3.54	2.41	
江　　西	0.29	0.15		16.72	14.62		40.90	28.63		2.45	1.96	
山　　东	0.22	0.22		14.23	15.43		71.87	50.34		5.05	3.26	
河　　南	0.27	0.33		13.19	11.81		45.60	29.13		3.46	2.47	
湖　　北	0.50	0.33		8.53	14.22		28.56	37.66		3.35	2.65	
湖　　南	0.19	0.27		15.49	17.39		52.75	36.11		3.40	2.08	
广　　东	0.41	0.27	0.05	12.88	16.96	16.50	37.92	37.65	38.00	2.94	2.22	2.30
广　　西	0.27	0.47		18.83	19.31		90.49	49.21		4.80	2.55	
海　　南	0.31	0.69		19.08	26.83		53.18	50.14		2.79	1.87	
重　　庆	0.25	0.21		15.81	17.45		37.98	36.22		2.40	2.08	
四　　川	0.31	0.45		16.35	13.97		47.43	33.18		2.90	2.38	
贵　　州	0.13			20.36			56.58			2.78		
云　　南	0.21	0.09		18.80	18.06		74.93	38.56		3.99	2.14	
西　　藏	0.15	0.15		12.81	14.86		29.96	32.00		2.34	2.15	
陕　　西	0.18	0.27		15.54	16.64		43.49	35.84		2.80	2.15	
甘　　肃	0.12	0.30		20.07	12.22		88.17	25.00		4.39	2.05	
青　　海	0.14			25.48			59.23			2.33		
宁　　夏	0.16	0.11		22.74	23.40		67.76	88.00		2.98	3.76	
新　　疆	0.41	0.45		13.59	4.16		32.95	12.63		2.42	3.04	
兵　　团	0.11			25.61			177.20			6.92		

各地区使用《中国标准书号》各类图书的平均印数、平均印张、平均定价和平均印张定价（续表7）

G　文化、科学、教育、体育

	平均印数（万册/种）			平均印张（印张/册）			平均定价（元/册）			平均印张定价（元/印张）		
	初版	重印	租型	初版	重印	租型	初版	重印	租型	初版	重印	租型
全国总计	**1.52**	**3.40**	**13.08**	**8.34**	**7.21**	**7.32**	**18.71**	**11.86**	**7.65**	**2.24**	**1.64**	**1.05**
中　央	**1.35**	**5.24**	**11.62**	**9.63**	**7.95**	**7.47**	**20.69**	**11.57**	**7.46**	**2.15**	**1.45**	**1.00**
地　方	**1.56**	**3.03**	**13.08**	**8.06**	**6.96**	**7.32**	**18.28**	**11.96**	**7.65**	**2.27**	**1.72**	**1.05**
北　京	1.54	3.63		10.01	6.43		24.72	13.60		2.47	2.11	
天　津	0.69	1.48	5.33	8.04	8.67	7.28	31.50	20.68	7.57	3.92	2.39	1.04
河　北	1.75	2.58	17.28	7.43	7.42	7.62	15.79	12.56	7.59	2.12	1.69	0.99
山　西	2.67	2.95	13.70	14.47	7.56	7.63	19.79	16.21	8.13	1.37	2.14	1.07
内蒙古	0.97	1.43	8.72	9.64	5.94	8.31	20.22	7.07	8.59	2.10	1.19	1.03
辽　宁	1.54	2.29	9.22	7.21	6.65	7.72	14.94	11.47	7.68	2.07	1.72	0.99
吉　林	0.60	1.16	6.58	8.50	7.52	7.27	20.90	14.89	8.32	2.46	1.98	1.14
黑龙江	0.62	2.04	6.05	8.51	8.64	7.45	14.85	16.67	8.31	1.74	1.93	1.12
上　海	3.20	3.12		5.58	6.99		22.32	12.27		4.00	1.76	
江　苏	1.50	3.51	20.17	7.91	6.33	6.81	17.48	10.13	7.21	2.21	1.60	1.06
浙　江	1.90	3.84	17.81	7.05	6.48	7.29	15.51	11.05	7.68	2.20	1.71	1.05
安　徽	1.89	3.25	9.09	6.87	7.03	7.64	15.72	12.71	8.58	2.29	1.81	1.12
福　建	1.70	4.08	16.73	10.13	7.21	7.39	18.58	12.58	7.06	1.83	1.74	0.96
江　西	1.36	3.53	26.91	7.04	5.39	8.11	15.53	9.27	7.58	2.21	1.72	0.94
山　东	1.59	3.50	14.89	7.03	6.65	5.54	17.73	9.80	6.83	2.52	1.48	1.23
河　南	1.67	3.72	36.00	6.28	7.81	7.94	10.71	10.49	7.51	1.71	1.34	0.95
湖　北	1.95	2.50	13.58	8.61	6.78	7.30	22.18	13.17	8.34	2.58	1.94	1.14
湖　南	4.15	4.28	22.88	8.19	7.01	6.52	14.89	13.22	7.45	1.82	1.89	1.14
广　东	1.34	5.65	48.98	9.14	7.01	7.90	17.25	9.18	7.18	1.89	1.31	0.91
广　西	1.66	4.92	14.26	8.22	6.18	7.72	14.38	8.62	7.64	1.75	1.40	0.99
海　南	1.08	1.62	4.90	7.93	6.40	6.99	17.04	10.76	8.31	2.15	1.68	1.19
重　庆	1.78	3.01	10.95	6.76	5.87	6.71	11.81	9.73	8.57	1.75	1.66	1.28
四　川	1.14	4.26	14.84	8.23	7.41	7.43	17.46	10.13	7.98	2.12	1.37	1.07
贵　州	1.79	5.36	11.96	8.39	5.61	7.50	12.25	7.38	7.61	1.46	1.32	1.01
云　南	1.20	1.60	17.56	10.45	7.83	8.17	18.20	14.65	7.68	1.74	1.87	0.94
西　藏	0.63	2.21	2.66	8.47	5.92	7.11	20.70	7.80	8.50	2.44	1.32	1.20
陕　西	1.46	2.69	8.44	9.87	8.17	8.02	23.47	16.35	7.64	2.38	2.00	0.95
甘　肃	1.38	2.05	11.98	7.96	7.78	7.74	12.56	15.02	7.23	1.58	1.93	0.93
青　海	0.34	0.85	3.14	10.76	9.02	7.73	27.40	6.83	7.43	2.55	0.76	0.96
宁　夏	0.96	1.82	4.17	10.08	10.71	7.51	25.46	21.69	8.87	2.52	2.02	1.18
新　疆	1.25	2.03	7.59	9.26	8.95	7.09	20.78	20.99	7.64	2.24	2.35	1.08
兵　团	1.00	1.97		10.38	11.41		30.81	32.69		2.97	2.86	

各地区使用《中国标准书号》各类图书的平均印数、平均印张、平均定价和平均印张定价（续表8）

H　语言、文字

	平均印数（万册/种）			平均印张（印张/册）			平均定价（元/册）			平均印张定价（元/印张）		
	初版	重印	租型	初版	重印	租型	初版	重印	租型	初版	重印	租型
全国总计	**0.61**	**1.27**	**5.83**	**13.38**	**14.43**	**7.31**	**36.10**	**30.75**	**8.48**	**2.70**	**2.13**	**1.16**
中　央	**0.68**	**1.33**		**14.92**	**15.36**		**40.94**	**33.57**		**2.75**	**2.19**	
地　方	**0.55**	**1.18**	**5.83**	**11.55**	**12.90**	**7.31**	**30.34**	**26.12**	**8.48**	**2.63**	**2.02**	**1.16**
北　京	0.84	2.33		14.58	9.76		32.52	18.56		2.23	1.90	
天　津	0.36	0.39		11.88	13.78		31.68	39.83		2.67	2.89	
河　北	0.90	3.56	1.86	5.48	7.24	3.67	30.10	11.90	5.22	5.49	1.64	1.42
山　西	0.29	0.85		16.55	14.68		39.16	18.93		2.37	1.29	
内蒙古	0.11	0.56		22.24	16.62		70.42	23.67		3.17	1.42	
辽　宁	0.46	0.54		11.77	11.88		28.94	28.38		2.46	2.39	
吉　林	0.23	0.83		10.81	4.90		31.80	18.16		2.94	3.71	
黑龙江	0.11	0.24		14.00	16.71		32.65	30.18		2.33	1.81	
上　海	0.74	1.41		13.56	16.68		35.34	32.10		2.61	1.92	
江　苏	0.47	0.53		12.30	13.87		30.21	28.92		2.46	2.08	
浙　江	2.05	1.18		6.18	8.45		12.98	16.90		2.10	2.00	
安　徽	0.65	0.56		9.79	10.68		26.71	23.87		2.73	2.24	
福　建	0.26	0.41		15.57	12.27		63.33	24.62		4.07	2.01	
江　西	0.86	2.39		7.15	9.12		22.87	12.90		3.20	1.42	
山　东	0.46	1.76	9.79	7.32	9.19	8.00	30.17	24.16	9.10	4.12	2.63	1.14
河　南	0.60	0.40		11.41	10.69		43.14	27.83		3.78	2.60	
湖　北	0.42	0.53		13.03	12.30		32.66	29.60		2.51	2.41	
湖　南	0.21	0.66		16.52	18.14		42.27	34.96		2.56	1.93	
广　东	0.43	0.51		11.35	14.11		30.77	30.35		2.71	2.15	
广　西	0.78	1.88		7.31	10.22		22.52	22.32		3.08	2.18	
海　南	0.49	0.45		9.57	9.60		26.75	33.39		2.80	3.48	
重　庆	0.30	0.35		12.73	14.84		33.72	33.12		2.65	2.23	
四　川	0.39	3.22		16.09	8.20		33.50	19.06		2.08	2.33	
贵　州	0.67	0.18		8.61	13.50		33.24	60.97		3.86	4.52	
云　南	0.23	1.82		12.16	11.42		34.15	27.00		2.81	2.36	
西　藏	0.69	0.66		18.92	14.47		33.48	25.20		1.77	1.74	
陕　西	0.28	0.48		15.08	11.69		45.09	36.22		2.99	3.10	
甘　肃	0.53	1.66		10.35	9.44		17.63	25.94		1.70	2.75	
青　海	0.23	0.28		11.39	10.51		24.44	12.18		2.15	1.16	
宁　夏	0.13	0.66		10.89	13.96		39.38	25.65		3.62	1.84	
新　疆	0.25	0.33		13.32	7.29		32.45	17.19		2.44	2.36	
兵　团	0.10			16.50			48.00			2.91		

各地区使用《中国标准书号》各类图书的平均印数、平均印张、平均定价和平均印张定价（续表9）

I 文学

	平均印数（万册/种）			平均印张（印张/册）			平均定价（元/册）			平均印张定价（元/印张）		
	初版	重印	租型	初版	重印	租型	初版	重印	租型	初版	重印	租型
全国总计	**0.88**	**1.83**	**1.88**	**10.04**	**10.12**	**7.56**	**28.77**	**22.96**	**17.02**	**2.87**	**2.27**	**2.25**
中　　央	**0.72**	**1.47**		**11.28**	**13.93**		**34.45**	**27.31**		**3.05**	**1.96**	
地　　方	**0.95**	**1.94**	**1.88**	**9.65**	**9.26**	**7.56**	**26.98**	**21.98**	**17.02**	**2.80**	**2.37**	**2.25**
北　　京	1.22	2.88		10.13	10.87		25.48	24.00		2.52	2.21	
天　　津	0.88	2.14		8.52	6.47		28.38	20.53		3.33	3.17	
河　　北	1.00	1.79	1.38	11.11	4.96	7.67	28.02	27.58	15.88	2.52	5.56	2.07
山　　西	0.35	0.80		13.25	10.35		47.06	30.13		3.55	2.91	
内 蒙 古	0.29	0.28		12.09	13.04		32.90	30.91		2.72	2.37	
辽　　宁	0.74	2.45		8.70	8.13		22.59	18.00		2.60	2.21	
吉　　林	0.78	0.66		6.85	13.18		21.43	25.04		3.13	1.90	
黑 龙 江	0.26	0.35		14.21	21.42		43.79	31.62		3.08	1.48	
上　　海	0.66	1.07		11.22	13.41		35.74	29.38		3.19	2.19	
江　　苏	0.92	1.62		11.01	12.23		32.27	23.55		2.93	1.93	
浙　　江	2.17	3.25		8.42	8.64		21.17	18.65		2.52	2.16	
安　　徽	1.69	2.67		6.78	8.72		19.39	18.54		2.86	2.13	
福　　建	0.56	1.70		10.10	7.64		29.42	19.05		2.91	2.49	
江　　西	0.98	3.19		8.47	3.95		24.49	14.66		2.89	3.71	
山　　东	1.35	2.69		8.10	7.84		22.42	18.27		2.77	2.33	
河　　南	0.66	1.50	1.99	8.00	4.68	7.54	24.60	15.13	17.20	3.07	3.23	2.28
湖　　北	1.23	1.31		12.52	13.63		32.86	29.25		2.63	2.15	
湖　　南	1.87	2.57		12.36	11.31		33.56	27.78		2.72	2.46	
广　　东	0.64	2.31		10.85	7.86		27.49	19.26		2.53	2.45	
广　　西	1.47	2.68		8.21	8.91		25.81	24.88		3.14	2.79	
海　　南	0.66	0.97		12.15	10.34		33.94	31.96		2.79	3.09	
重　　庆	0.95	2.68		10.22	8.11		30.59	16.08		2.99	1.98	
四　　川	0.95	1.20		11.35	14.50		26.95	30.08		2.37	2.07	
贵　　州	0.55	0.82		10.55	7.00		34.98	38.06		3.32	5.44	
云　　南	0.45	0.88		11.64	11.38		30.40	18.79		2.61	1.65	
西　　藏	0.21	0.40		21.56	9.59		52.12	19.27		2.42	2.01	
陕　　西	0.53	0.90		10.77	6.77		37.13	25.14		3.45	3.71	
甘　　肃	0.50	0.71		10.87	8.20		26.34	22.44		2.42	2.74	
青　　海	0.18	0.27		15.84	23.42		43.04	33.15		2.72	1.42	
宁　　夏	0.31	0.45		12.69	11.71		29.75	24.61		2.34	2.10	
新　　疆	0.71	0.42		5.74	10.55		14.25	20.48		2.48	1.94	
兵　　团	0.13			20.57			47.69			2.32		

各地区使用《中国标准书号》各类图书的平均印数、平均印张、平均定价和平均印张定价（续表10）

J 艺 术

	平均印数（万册/种）			平均印张（印张/册）			平均定价（元/册）			平均印张定价（元/印张）		
	初版	重印	租型	初版	重印	租型	初版	重印	租型	初版	重印	租型
全国总计	**0.57**	**0.96**	**0.27**	**8.00**	**7.87**	**7.01**	**47.17**	**23.10**	**16.36**	**5.90**	**2.93**	**2.33**
中　央	**0.67**	**0.67**		**8.74**	**10.47**		**49.89**	**33.83**		**5.71**	**3.23**	
地　方	**0.53**	**1.11**	**0.27**	**7.59**	**7.07**	**7.01**	**45.64**	**19.79**	**16.36**	**6.02**	**2.80**	**2.33**
北　京	0.41	0.93		10.89	9.63		69.82	33.43		6.41	3.47	
天　津	0.40	0.45		8.76	5.12		60.25	21.55		6.88	4.21	
河　北	0.63	0.39		15.82	6.56		83.52	27.30		5.28	4.16	
山　西	0.43	0.47		11.00	15.31		210.97	25.46		19.18	1.66	
内蒙古	0.32	0.36		7.69	6.79		58.08	16.92		7.55	2.49	
辽　宁	0.23	0.28		10.09	8.55		61.17	35.63		6.06	4.17	
吉　林	0.55	1.73		6.78	5.88		31.36	12.54		4.62	2.13	
黑龙江	0.13	0.30		7.36	8.34		43.08	27.23		5.85	3.26	
上　海	0.49	1.30		9.76	8.18		46.36	17.41		4.75	2.13	
江　苏	0.90	1.20		4.88	5.84		25.41	19.46		5.20	3.33	
浙　江	0.48	0.45	0.20	9.15	9.57	6.26	71.00	36.91	14.89	7.76	3.86	2.38
安　徽	0.40	0.73		7.82	7.35		41.80	20.21		5.34	2.75	
福　建	0.53	0.36		5.18	10.13		40.96	41.09		7.91	4.06	
江　西	1.48	5.77		4.17	2.65		23.98	13.55		5.75	5.11	
山　东	0.44	0.65	3.67	6.07	4.72	11.50	53.61	27.23	18.50	8.84	5.77	1.61
河　南	0.38	0.34		9.20	8.89		46.73	23.78		5.08	2.67	
湖　北	0.46	0.84		7.21	6.57		36.54	23.89		5.07	3.64	
湖　南	0.82	1.23		5.52	8.72		26.15	25.21		4.73	2.89	
广　东	0.40	3.97		9.25	4.94		92.79	13.60		10.03	2.75	
广　西	0.57	0.58		10.48	11.61		51.67	53.12		4.93	4.58	
海　南	0.57	0.23		5.97	12.31		48.14	34.31		8.07	2.79	
重　庆	0.44	0.35		9.64	13.91		39.86	37.97		4.13	2.73	
四　川	0.60	0.38		5.59	6.65		29.20	22.36		5.22	3.36	
贵　州	0.26			10.95			148.02			13.51		
云　南	0.16	0.10		14.10	12.66		133.00	40.00		9.43	3.16	
西　藏	0.17	0.41		11.00	5.20		64.22	14.77		5.84	2.84	
陕　西	0.19	0.98		10.76	6.09		72.10	28.07		6.70	4.61	
甘　肃	0.22	0.40		15.61	13.20		122.21	41.49		7.83	3.14	
青　海	0.23	0.30		11.85	12.35		116.38	45.00		9.82	3.64	
宁　夏	0.19			17.31			90.38			5.22		
新　疆	0.32	0.70		3.90	5.50		17.01	14.81		4.36	2.70	
兵　团	1.59			6.32			32.61			5.16		

各地区使用《中国标准书号》各类图书的平均印数、平均印张、平均定价和平均印张定价（续表11）

K 历史、地理

	平均印数（万册/种）			平均印张（印张/册）			平均定价（元/册）			平均印张定价（元/印张）		
	初版	重印	租型	初版	重印	租型	初版	重印	租型	初版	重印	租型
全国总计	**0.48**	**1.25**	**4.02**	**14.83**	**10.99**	**10.74**	**67.09**	**27.71**	**20.84**	**4.52**	**2.52**	**1.94**
中　央	**0.58**	**1.49**		**14.90**	**10.63**		**67.05**	**27.29**		**4.50**	**2.57**	
地　方	**0.41**	**0.92**	**4.02**	**14.76**	**11.79**	**10.74**	**67.13**	**28.68**	**20.84**	**4.55**	**2.43**	**1.94**
北　京	0.65	1.25		13.67	14.60		51.49	29.02		3.77	1.99	
天　津	0.40	0.61		16.46	16.91		98.18	50.81		5.97	3.00	
河　北	0.15	0.58	4.02	30.46	7.02	10.74	183.22	13.15	20.84	6.02	1.87	1.94
山　西	0.35	0.53		16.29	11.68		76.92	28.96		4.72	2.48	
内蒙古	0.19	0.40		22.19	8.26		165.48	17.27		7.46	2.09	
辽　宁	0.40	0.29		13.96	17.53		43.50	39.63		3.12	2.26	
吉　林	0.27	0.38		17.28	11.90		66.32	29.75		3.84	2.50	
黑龙江	0.35	0.30		9.43	2.00		54.53	19.34		5.78	9.65	
上　海	0.41	0.70		14.57	18.03		61.42	34.32		4.22	1.90	
江　苏	0.50	0.95		15.31	10.01		77.65	23.08		5.07	2.31	
浙　江	0.65	2.59		21.61	13.59		81.71	33.01		3.78	2.43	
安　徽	0.23	1.21		15.27	8.23		161.20	27.14		10.56	3.30	
福　建	0.40	0.80		13.20	7.77		70.22	22.72		5.32	2.93	
江　西	0.79	5.00		11.81	11.62		39.37	24.12		3.33	2.08	
山　东	0.39	0.96		9.82	6.18		51.56	21.18		5.25	3.43	
河　南	0.26	0.64		17.65	7.97		92.48	26.83		5.24	3.37	
湖　北	0.49	0.48		11.93	15.73		49.84	32.91		4.18	2.09	
湖　南	0.55	0.47		11.90	15.76		74.73	43.23		6.28	2.74	
广　东	0.38	0.62		14.71	9.12		57.28	22.60		3.89	2.48	
广　西	0.37	0.89		18.82	13.86		67.65	44.41		3.59	3.20	
海　南	0.37	0.59		16.25	32.75		68.97	65.47		4.25	2.00	
重　庆	0.52	1.66		18.49	6.26		50.89	16.43		2.75	2.62	
四　川	0.44	0.79		11.69	3.72		57.79	19.57		4.94	5.27	
贵　州	0.35	0.46		12.25	10.46		51.00	34.08		4.16	3.26	
云　南	0.23	0.56		21.93	11.10		108.22	24.95		4.93	2.25	
西　藏	0.19	0.42		20.19	9.81		58.95	29.06		2.92	2.96	
陕　西	0.34	0.46		16.26	11.77		72.52	41.96		4.46	3.57	
甘　肃	0.17	0.64		26.07	11.82		147.05	23.61		5.64	2.00	
青　海	0.24	0.26		15.92	14.98		79.84	33.09		5.02	2.21	
宁　夏	0.23	0.25		19.94	27.89		75.06	74.80		3.77	2.68	
新　疆	0.65	0.35		5.49	10.94		15.80	26.81		2.88	2.45	
兵　团	0.22			18.74			93.30			4.98		

各地区使用《中国标准书号》各类图书的平均印数、平均印张、平均定价和平均印张定价（续表 12）

N　自然科学总论

	平均印数（万册/种）			平均印张（印张/册）			平均定价（元/册）			平均印张定价（元/印张）		
	初版	重印	租型	初版	重印	租型	初版	重印	租型	初版	重印	租型
全国总计	**0.44**	**0.82**	**14.70**	**11.55**	**13.85**	**8.50**	**46.49**	**36.44**	**17.00**	**4.03**	**2.63**	**2.00**
中　央	**0.47**	**0.69**		**12.69**	**18.30**		**51.69**	**49.83**		**4.07**	**2.72**	
地　方	**0.42**	**0.93**	**14.70**	**10.40**	**11.08**	**8.50**	**41.27**	**28.09**	**17.00**	**3.97**	**2.54**	**2.00**
北　京	0.50	2.11		11.68	12.54		32.56	20.59		2.79	1.64	
天　津	0.60	0.17		11.63	12.48		32.17	31.52		2.77	2.52	
河　北	0.20		14.70	23.75		8.50	60.00		17.00	2.53		2.00
山　西	0.30	0.54		10.27	12.22		18.00	26.53		1.75	2.17	
内蒙古	0.15			20.33			41.23			2.03		
辽　宁		0.21			17.52			30.15			1.72	
吉　林	0.24	0.49		14.57	6.54		34.25	23.38		2.35	3.57	
黑龙江	0.21			13.94			34.41			2.47		
上　海	0.36	0.24		13.77	15.39		58.60	32.04		4.26	2.08	
江　苏	0.41	0.30		4.86	16.98		19.22	31.59		3.96	1.86	
浙　江	0.45	0.76		10.35	13.78		65.47	32.50		6.32	2.36	
安　徽	0.41	0.24		10.91	14.33		31.16	26.45		2.86	1.85	
福　建	0.41			9.99			33.70			3.37		
江　西	0.42	2.29		9.24	9.87		18.97	23.79		2.05	2.41	
山　东	0.51	0.67		10.07	5.25		37.56	24.80		3.73	4.72	
河　南	0.27	0.20		10.51	7.00		58.22	19.00		5.54	2.71	
湖　北	0.29	1.32		29.39	7.97		61.49	13.41		2.09	1.68	
湖　南	0.18	1.21		15.79	5.78		38.86	18.00		2.46	3.11	
广　东	0.41	0.13		6.63	9.09		25.46	20.06		3.84	2.21	
广　西	1.18	1.73		6.01	13.94		37.65	64.12		6.26	4.60	
海　南	0.70			27.54			65.00			2.36		
重　庆	0.24	0.10		8.80	12.68		33.00	36.00		3.75	2.84	
四　川	0.41	0.72		7.68	8.85		25.95	25.68		3.38	2.90	
贵　州	0.05			16.52			45.00			2.72		
云　南												
西　藏												
陕　西	0.89	0.82		3.78	1.60		53.88	95.00		14.25	59.23	
甘　肃	0.17	0.28		41.20	9.03		179.20	21.28		4.35	2.36	
青　海												
宁　夏												
新　疆	0.30	0.15		7.00	18.26		15.80	46.00		2.26	2.52	
兵　团												

各地区使用《中国标准书号》各类图书的平均印数、平均印张、平均定价和平均印张定价（续表13）

O　数理科学、化学

	平均印数（万册/种）			平均印张（印张/册）			平均定价（元/册）			平均印张定价（元/印张）		
	初版	重印	租型	初版	重印	租型	初版	重印	租型	初版	重印	租型
全国总计	**0.43**	**0.49**	**0.12**	**14.02**	**16.31**	**34.95**	**36.61**	**31.69**	**50.00**	**2.61**	**1.94**	**1.43**
中　央	**0.40**	**0.43**		**15.89**	**18.98**		**38.55**	**35.41**		**2.43**	**1.87**	
地　方	**0.46**	**0.64**	**0.12**	**11.61**	**11.22**	**34.95**	**34.10**	**24.58**	**50.00**	**2.94**	**2.19**	**1.43**
北　京	0.61	5.59		9.75	9.72		25.59	17.93		2.62	1.85	
天　津	0.66	1.48		5.60	4.20		17.57	11.47		3.14	2.73	
河　北	0.73			3.29			7.45			2.26		
山　西	0.20	0.30		11.25	8.19		23.00	18.00		2.04	2.20	
内蒙古	0.11	0.13		14.82	14.09		36.06	21.90		2.43	1.55	
辽　宁	0.30	0.26		12.17	16.36		33.39	31.42		2.74	1.92	
吉　林	0.39	1.55		5.59	7.78		20.66	20.81		3.70	2.67	
黑龙江	0.15	0.20		19.60	16.91		56.23	29.88		2.87	1.77	
上　海	0.39	0.41		17.69	18.59		40.25	37.51		2.28	2.02	
江　苏	0.44	0.34		12.32	13.60		32.54	26.99		2.64	1.98	
浙　江	0.41	0.37		13.93	8.87		31.15	20.02		2.24	2.26	
安　徽	1.73	0.35		4.49	17.31		41.59	33.69		9.27	1.95	
福　建	0.34	0.17		17.59	18.03		35.13	30.80		2.00	1.71	
江　西	1.81	1.36		10.13	10.25		24.05	22.37		2.37	2.18	
山　东	0.30	0.47		13.05	16.16		30.83	28.68		2.36	1.77	
河　南	0.19	0.34		16.54	17.65		57.06	29.99		3.45	1.70	
湖　北	0.26	0.38		16.07	14.94		37.04	27.77		2.30	1.86	
湖　南	0.22	0.36		17.52	15.06		53.59	30.75		3.06	2.04	
广　东	0.23	0.31		14.52	16.33		41.36	25.70		2.85	1.57	
广　西	0.59	0.30		10.92	13.10		39.94	30.96		3.66	2.36	
海　南		0.62			14.05			32.31			2.30	
重　庆	0.27	0.33		11.42	13.36		28.50	35.05		2.50	2.62	
四　川	0.37	0.31		9.58	11.96		23.57	26.59		2.46	2.22	
贵　州												
云　南	0.06	0.10		12.77	16.75		47.13	31.00		3.69	1.85	
西　藏												
陕　西	0.59	0.78	0.12	19.97	11.04	34.95	48.90	42.91	50.00	2.45	3.88	1.43
甘　肃	0.61	0.30		9.82	10.11		13.62	23.80		1.39	2.35	
青　海	0.20			4.54			16.00			3.52		
宁　夏	0.05			22.00			38.00			1.73		
新　疆												
兵　团												

各地区使用《中国标准书号》各类图书的平均印数、平均印张、平均定价和平均印张定价（续表14）

P 天文学、地球科学

	平均印数（万册/种）			平均印张（印张/册）			平均定价（元/册）			平均印张定价（元/印张）		
	初版	重印	租型	初版	重印	租型	初版	重印	租型	初版	重印	租型
全国总计	**0.36**	**0.60**		**11.93**	**11.39**		**54.14**	**39.29**		**4.54**	**3.45**	
中　　央	**0.31**	**0.34**		**13.97**	**15.73**		**68.26**	**51.10**		**4.89**	**3.25**	
地　　方	**0.46**	**0.93**		**9.42**	**9.28**		**36.76**	**33.56**		**3.90**	**3.62**	
北　　京	0.75	3.38		8.35	6.10		48.29	18.07		5.78	2.96	
天　　津	0.99	0.24		4.77	6.81		19.30	18.15		4.05	2.67	
河　　北	0.27			10.22			93.56			9.15		
山　　西	0.22	0.46		7.52	7.10		33.79	19.69		4.50	2.77	
内 蒙 古	0.41	0.10		13.21	8.99		11.03	19.80		0.83	2.20	
辽　　宁	0.31	0.59		10.62	8.32		38.14	25.93		3.59	3.12	
吉　　林	0.67	1.29		4.28	8.15		17.15	28.41		4.01	3.48	
黑 龙 江	0.17	0.16		15.30	23.50		40.36	81.54		2.64	3.47	
上　　海	0.40	0.25		14.59	19.71		61.14	32.03		4.19	1.63	
江　　苏	0.29	0.35		11.16	10.68		34.33	28.62		3.08	2.68	
浙　　江	1.27	0.62		6.50	8.47		27.93	28.31		4.29	3.34	
安　　徽	0.53	0.26		7.26	10.99		24.43	23.97		3.37	2.18	
福　　建	0.75	0.59		5.60	2.16		20.03	8.46		3.58	3.91	
江　　西	1.34	2.01		9.88	11.39		30.90	25.07		3.13	2.20	
山　　东	0.40	0.98		11.17	10.23		41.90	18.28		3.75	1.79	
河　　南	0.34	0.42		12.96	11.61		41.38	26.24		3.19	2.26	
湖　　北	0.22	0.27		14.67	16.56		56.91	34.22		3.88	2.07	
湖　　南	0.13	0.20		15.25	16.67		61.35	36.17		4.02	2.17	
广　　东	0.40	0.18		8.64	15.04		37.76	36.91		4.37	2.45	
广　　西	0.91	0.32		10.61	9.76		54.93	28.42		5.18	2.91	
海　　南	0.61	0.50		12.78	9.33		49.61	52.53		3.88	5.63	
重　　庆	0.87	0.29		7.21	12.29		32.41	43.77		4.50	3.56	
四　　川	0.46	0.60		6.84	8.96		23.28	21.69		3.40	2.42	
贵　　州	0.31	22.25		6.70	11.57		171.83	98.00		25.66	8.47	
云　　南	0.81	0.10		5.57	20.25		21.39	58.00		3.84	2.86	
西　　藏	0.43	0.55		22.27	2.78		38.56	9.18		1.73	3.30	
陕　　西	0.64	1.75		3.81	4.41		25.82	69.71		6.77	15.80	
甘　　肃	0.15	0.30		31.86	10.07		109.57	23.86		3.44	2.37	
青　　海	0.15			31.29			61.67			1.97		
宁　　夏	0.04			1.85			36.00			19.43		
新　　疆												
兵　　团												

各地区使用《中国标准书号》各类图书的平均印数、平均印张、平均定价和平均印张定价（续表15）

Q 生物科学

	平均印数（万册/种）			平均印张（印张/册）			平均定价（元/册）			平均印张定价（元/印张）		
	初版	重印	租型	初版	重印	租型	初版	重印	租型	初版	重印	租型
全国总计	**0.58**	**0.62**		**8.20**	**13.84**		**37.73**	**31.75**		**4.60**	**2.29**	
中　　央	**0.56**	**0.39**		**9.23**	**19.94**		**43.79**	**43.20**		**4.75**	**2.17**	
地　　方	**0.61**	**1.02**		**7.32**	**9.66**		**32.59**	**23.90**		**4.45**	**2.47**	
北　　京	1.89	3.46		9.74	10.49		32.52	18.39		3.34	1.75	
天　　津	0.85	0.63		6.83	9.07		26.25	20.92		3.84	2.31	
河　　北	0.32	0.30		9.42	3.38		33.63	28.30		3.57	8.39	
山　　西	0.21	0.28		17.92	8.06		54.91	18.00		3.06	2.23	
内 蒙 古	0.10	0.10		21.91	8.99		90.78	19.80		4.14	2.20	
辽　　宁	0.34	0.33		9.06	14.48		38.55	32.38		4.25	2.24	
吉　　林	1.02	0.73		4.10	7.07		19.89	24.71		4.85	3.49	
黑 龙 江	0.17	0.06		6.22	17.51		27.52	25.96		4.43	1.48	
上　　海	0.46	0.38		7.66	10.43		37.30	22.01		4.87	2.11	
江　　苏	0.69	1.30		6.16	14.97		23.73	24.12		3.85	1.61	
浙　　江	0.52	0.39		6.06	10.11		30.83	25.02		5.09	2.47	
安　　徽	0.31	0.44		9.87	9.38		33.81	24.78		3.43	2.64	
福　　建	0.25	0.22		8.58	13.50		43.67	23.00		5.09	1.70	
江　　西	0.79	1.27		5.74	10.95		19.16	24.66		3.34	2.25	
山　　东	0.50	0.69		10.47	6.82		53.89	33.56		5.15	4.92	
河　　南	0.21	0.24		13.18	9.06		108.17	25.55		8.21	2.82	
湖　　北	0.66	0.24		6.12	15.58		33.76	33.62		5.52	2.16	
湖　　南	0.30	0.48		12.00	14.84		30.00	28.63		2.50	1.93	
广　　东	0.47	3.02		6.40	8.25		32.20	25.81		5.03	3.13	
广　　西	0.45	1.10		12.42	10.17		56.32	36.41		4.53	3.58	
海　　南	0.69	0.43		13.52	3.32		52.67	32.12		3.89	9.67	
重　　庆	0.50	0.25		20.22	9.41		108.23	42.88		5.35	4.56	
四　　川	0.61	0.68		5.44	8.65		23.63	23.74		4.34	2.75	
贵　　州	0.53			6.63			196.25			29.61		
云　　南	0.18	1.05		19.46	3.27		103.45	48.15		5.31	14.74	
西　　藏	0.10			34.03			180.00			5.29		
陕　　西	0.30	1.03		12.98	3.65		64.14	44.31		4.94	12.13	
甘　　肃	0.38			10.60			24.52			2.31		
青　　海	0.22			7.45			147.59			19.81		
宁　　夏	1.21			5.48			26.12			4.77		
新　　疆	0.30	0.30		12.62	5.10		52.07	12.78		4.12	2.51	
兵　　团	0.02			16.50			30.00			1.82		

各地区使用《中国标准书号》各类图书的平均印数、平均印张、平均定价和平均印张定价（续表16）

R 医药、卫生

	平均印数（万册/种）			平均印张（印张/册）			平均定价（元/册）			平均印张定价（元/印张）		
	初版	重印	租型	初版	重印	租型	初版	重印	租型	初版	重印	租型
全国总计	**0.44**	**0.63**	**0.22**	**16.86**	**17.10**	**11.34**	**55.04**	**38.95**	**30.99**	**3.27**	**2.28**	**2.73**
中　　央	**0.48**	**0.60**		**18.89**	**19.78**		**62.30**	**42.65**		**3.30**	**2.16**	
地　　方	**0.39**	**0.71**	**0.22**	**13.67**	**10.81**	**11.34**	**43.68**	**30.26**	**30.99**	**3.19**	**2.80**	**2.73**
北　　京	0.57	1.25		16.82	12.63		54.08	32.32		3.21	2.56	
天　　津	0.19	0.55		22.55	14.97		68.37	53.89		3.03	3.60	
河　　北	0.37	2.20		14.57	11.16		36.79	23.28		2.52	2.09	
山　　西	0.35	0.50		19.18	22.17		46.24	38.20		2.41	1.72	
内 蒙 古	0.19	0.12		31.57	15.54		111.67	21.78		3.54	1.40	
辽　　宁	0.27	0.46		16.84	9.59		92.86	53.25		5.51	5.55	
吉　　林	0.17	1.23		24.42	13.93		60.83	35.98		2.49	2.58	
黑 龙 江	0.11	0.09		19.81	14.94		50.12	23.62		2.53	1.58	
上　　海	0.50	0.35		13.53	15.72		47.69	41.23		3.52	2.62	
江　　苏	0.89	0.40		11.65	14.81		39.87	39.68		3.42	2.68	
浙　　江	0.92	4.00		8.57	2.31		33.40	8.12		3.90	3.51	
安　　徽	0.35	0.51		16.01	12.15		38.24	35.86		2.39	2.95	
福　　建	0.59	0.46		14.37	13.70		45.05	53.43		3.13	3.90	
江　　西	0.72	1.35		15.27	12.51		40.50	26.23		2.65	2.10	
山　　东	0.46	1.09		13.95	17.09		46.55	42.80		3.34	2.50	
河　　南	0.35	0.39		13.38	13.67		49.35	32.42		3.69	2.37	
湖　　北	0.22	0.34		15.02	14.56		52.26	34.91		3.48	2.40	
湖　　南	0.25	0.62		20.99	19.08		85.50	39.47		4.07	2.07	
广　　东	0.45	0.72		12.03	10.49		43.74	32.61		3.64	3.11	
广　　西	4.24	0.65	0.27	2.08	12.16	11.76	6.87	32.88	38.81	3.30	2.70	3.30
海　　南	0.48	0.72		17.04	19.96		60.64	47.66		3.56	2.39	
重　　庆	0.24	0.53		15.76	11.33		47.54	26.97		3.02	2.38	
四　　川	0.56	0.42		14.47	13.53		35.82	30.47		2.48	2.25	
贵　　州	0.32	0.33		17.08	5.13		47.70	10.36		2.79	2.02	
云　　南	0.18	0.26		17.94	12.92		73.95	27.11		4.12	2.10	
西　　藏	0.26	0.27		16.26	10.02		42.11	18.84		2.59	1.88	
陕　　西	0.16	0.68	0.17	14.49	14.26	10.67	45.53	55.80	18.58	3.14	3.91	1.74
甘　　肃	0.12	0.23		22.38	16.07		74.41	40.29		3.32	2.51	
青　　海	1.44			6.62			13.34			2.01		
宁　　夏	0.13			22.18			52.70			2.38		
新　　疆	0.15	0.56		16.30	10.26		52.03	16.33		3.19	1.59	
兵　　团	0.08			15.17			33.33			2.20		

各地区使用《中国标准书号》各类图书的平均印数、平均印张、平均定价和平均印张定价（续表17）

S 农业科学

	平均印数（万册/种）			平均印张（印张/册）			平均定价（元/册）			平均印张定价（元/印张）		
	初版	重印	租型	初版	重印	租型	初版	重印	租型	初版	重印	租型
全国总计	**0.30**	**0.42**	**1.80**	**11.00**	**11.11**	**5.20**	**42.42**	**25.04**	**10.91**	**3.86**	**2.25**	**2.10**
中　央	**0.30**	**0.34**		**12.03**	**13.28**		**46.32**	**29.93**		**3.85**	**2.25**	
地　方	**0.30**	**0.60**	**1.80**	**9.70**	**8.24**	**5.20**	**37.48**	**18.57**	**10.91**	**3.86**	**2.25**	**2.10**
北　京	0.61	1.91		11.76	8.28		33.49	13.26		2.85	1.60	
天　津	0.17	0.35		9.76	4.58		54.31	16.80		5.56	3.67	
河　北	1.05	0.39		5.49	10.55		10.82	23.74		1.97	2.25	
山　西	0.33	0.35		13.02	10.77		27.01	22.00		2.07	2.04	
内蒙古	0.14	0.20		13.39	30.00		38.97	35.00		2.91	1.17	
辽　宁	0.12	0.62		17.44	9.77		135.75	23.54		7.79	2.41	
吉　林	0.23	0.36		8.43	4.95		30.59	14.19		3.63	2.87	
黑龙江	0.10	0.08		12.77	14.55		49.01	29.04		3.84	2.00	
上　海	0.18	0.16		14.79	32.42		81.11	75.12		5.48	2.32	
江　苏	0.44	0.37		6.82	6.49		32.27	21.34		4.73	3.29	
浙　江	0.23	0.23		13.12	7.80		68.03	23.18		5.19	2.97	
安　徽	0.34	0.35		8.37	8.92		33.46	20.66		4.00	2.32	
福　建	0.43	0.36		11.14	10.75		45.19	26.60		4.06	2.47	
江　西	0.78	4.11		7.27	7.29		25.49	14.29		3.51	1.96	
山　东	0.40	0.29		6.55	7.35		27.17	20.44		4.15	2.78	
河　南	0.23	0.82		12.46	9.39		42.06	31.25		3.38	3.33	
湖　北	0.25	0.24		11.14	14.33		54.48	39.44		4.89	2.75	
湖　南	0.29	3.78		8.51	10.17		32.02	14.28		3.76	1.40	
广　东	0.51	0.88	1.80	8.11	4.79	5.20	45.75	12.17	10.91	5.64	2.54	2.10
广　西	0.17	0.42		14.37	6.40		76.14	20.38		5.30	3.18	
海　南	0.18	0.20		15.59	13.22		45.43	19.80		2.91	1.50	
重　庆	0.31	0.17		14.55	15.67		42.48	40.56		2.92	2.59	
四　川	0.19	0.26		15.31	8.32		41.85	16.07		2.73	1.93	
贵　州	0.19			14.99			35.70			2.38		
云　南	0.23	0.25		8.27	6.69		37.32	16.42		4.51	2.46	
西　藏	0.30			10.79			47.51			4.40		
陕　西	0.17	0.22		11.94	12.46		43.87	35.65		3.67	2.86	
甘　肃	0.40	0.33		11.03	6.21		33.29	15.71		3.02	2.53	
青　海	0.09			7.04			30.59			4.34		
宁　夏	0.17	1.45		13.76	10.44		43.20	19.66		3.14	1.88	
新　疆	0.22	0.27		9.95	7.11		26.20	12.96		2.63	1.82	
兵　团	0.15			14.31			46.87			3.27		

各地区使用《中国标准书号》各类图书的平均印数、平均印张、平均定价和平均印张定价（续表18）

T　工业技术

	平均印数（万册/种）			平均印张（印张/册）			平均定价（元/册）			平均印张定价（元/印张）		
	初版	重印	租型	初版	重印	租型	初版	重印	租型	初版	重印	租型
全国总计	**0.34**	**0.34**		**16.19**	**18.00**		**53.64**	**38.89**		**3.31**	**2.16**	
中　　央	**0.34**	**0.34**		**17.44**	**18.76**		**57.13**	**39.86**		**3.28**	**2.12**	
地　　方	**0.34**	**0.38**		**13.41**	**14.73**		**45.88**	**34.72**		**3.42**	**2.36**	
北　　京	0.86	1.17		15.61	10.93		48.31	33.29		3.10	3.05	
天　　津	0.23	0.35		16.30	16.65		52.95	42.63		3.25	2.56	
河　　北	0.15	1.04		13.15	5.92		41.43	10.70		3.15	1.81	
山　　西	0.15	0.25		19.98	14.25		96.07	25.20		4.81	1.77	
内 蒙 古	0.12	0.20		11.57	14.59		107.71	23.23		9.31	1.59	
辽　　宁	0.26	0.32		13.42	15.03		59.25	35.86		4.41	2.39	
吉　　林	0.24	2.16		14.12	4.90		38.46	15.99		2.72	3.27	
黑 龙 江	0.22	0.18		14.92	17.75		38.16	31.20		2.56	1.76	
上　　海	0.37	0.30		12.80	18.09		45.43	38.65		3.55	2.14	
江　　苏	0.31	0.34		14.48	16.29		51.44	39.41		3.55	2.42	
浙　　江	0.35	0.26		10.85	14.92		39.25	33.86		3.62	2.27	
安　　徽	0.34	0.30		11.39	14.68		40.94	30.31		3.59	2.06	
福　　建	0.40	0.54		13.87	13.63		53.23	30.01		3.84	2.20	
江　　西	0.60	1.16		12.77	18.50		33.52	40.18		2.63	2.17	
山　　东	0.65	0.64		12.25	15.02		37.92	33.90		3.10	2.26	
河　　南	0.27	0.39		12.37	13.59		45.39	36.43		3.67	2.68	
湖　　北	0.26	0.29		15.10	17.61		59.88	38.19		3.97	2.17	
湖　　南	0.33	0.30		13.76	16.66		43.33	36.14		3.15	2.17	
广　　东	0.41	0.28		13.35	14.08		72.81	31.15		5.45	2.21	
广　　西	1.44	1.52		6.88	10.76		30.19	44.63		4.39	4.15	
海　　南	0.54	0.70		10.04	15.35		52.53	43.32		5.23	2.82	
重　　庆	0.25	0.24		14.73	15.68		38.91	32.08		2.64	2.05	
四　　川	0.28	0.45		12.27	11.19		32.60	26.22		2.66	2.34	
贵　　州	0.21			11.67			44.07			3.78		
云　　南	0.30	0.23		17.75	10.61		90.71	45.41		5.11	4.28	
西　　藏	0.40	0.28		7.56	14.50		29.69	21.79		3.93	1.50	
陕　　西	0.28	0.33		14.71	16.53		34.28	33.89		2.33	2.05	
甘　　肃	0.14	0.30		12.57	10.11		42.23	23.80		3.36	2.35	
青　　海	0.24			12.02			40.70			3.39		
宁　　夏	0.09	0.04		30.36	24.04		63.42	35.82		2.09	1.49	
新　　疆	0.23	0.90		8.50	9.13		25.45	15.30		2.99	1.68	
兵　　团	0.27			9.42			37.65			4.00		

各地区使用《中国标准书号》各类图书的平均印数、平均印张、平均定价和平均印张定价（续表19）

U　交通运输

	平均印数（万册/种）			平均印张（印张/册）			平均定价（元/册）			平均印张定价（元/印张）		
	初版	重印	租型	初版	重印	租型	初版	重印	租型	初版	重印	租型
全国总计	**0.39**	**0.56**		**12.07**	**13.78**		**38.76**	**35.98**		**3.21**	**2.61**	
中　央	**0.36**	**0.61**		**11.84**	**13.87**		**41.55**	**36.05**		**3.51**	**2.60**	
地　方	**0.43**	**0.34**		**12.46**	**13.04**		**34.08**	**35.50**		**2.74**	**2.72**	
北　京	1.69	1.65		12.90	7.45		31.56	38.15		2.45	5.12	
天　津	0.40	0.53		14.35	9.00		38.03	36.77		2.65	4.09	
河　北	0.09	0.50		15.02	2.00		31.59	32.80		2.10	16.40	
山　西		0.27			9.50			16.63			1.75	
内蒙古	0.20			3.71			15.00			4.05		
辽　宁	0.30	0.26		19.83	17.30		49.19	44.96		2.48	2.60	
吉　林	0.65	2.21		8.70	4.03		25.51	18.45		2.93	4.57	
黑龙江	0.14	0.14		15.04	16.21		46.49	31.72		3.09	1.96	
上　海	0.23	0.24		18.38	19.58		49.79	41.96		2.71	2.14	
江　苏	0.22	0.30		13.13	18.29		40.04	40.33		3.05	2.21	
浙　江	4.08	1.05		4.73	7.38		12.02	25.81		2.54	3.50	
安　徽	0.17	0.19		12.69	18.00		38.76	36.79		3.05	2.04	
福　建	0.35	0.10		8.45	20.25		36.50	38.00		4.32	1.88	
江　西	0.63			6.14			31.72			5.17		
山　东	0.37	0.35		18.11	13.94		39.27	34.95		2.17	2.51	
河　南	0.12	0.34		10.09	13.03		39.12	28.94		3.88	2.22	
湖　北	0.17	0.31		16.11	14.65		57.81	31.94		3.59	2.18	
湖　南	0.27	0.28		15.50	12.70		37.24	27.97		2.40	2.20	
广　东	0.19	0.28		11.41	10.51		46.14	26.38		4.04	2.51	
广　西	0.65	0.30		13.37	12.16		72.69	32.08		5.44	2.64	
海　南												
重　庆	0.63	0.19		10.94	17.15		31.69	32.55		2.90	1.90	
四　川	0.26	0.21		14.66	14.77		41.29	32.28		2.82	2.19	
贵　州												
云　南	0.15	3.00		16.77	15.13		25.51	42.00		1.52	2.78	
西　藏												
陕　西	0.38	0.93		14.97	8.75		43.16	43.69		2.88	5.00	
甘　肃	0.14			14.44			79.62			5.51		
青　海												
宁　夏												
新　疆	0.20			5.20			16.00			3.08		
兵　团												

各地区使用《中国标准书号》各类图书的平均印数、平均印张、平均定价和平均印张定价（续表20）

V 航空、航天

	平均印数（万册/种）			平均印张（印张/册）			平均定价（元/册）			平均印张定价（元/印张）		
	初版	重印	租型	初版	重印	租型	初版	重印	租型	初版	重印	租型
全国总计	**0.24**	**0.37**		**15.87**	**13.49**		**73.98**	**37.21**		**4.66**	**2.76**	
中　央	**0.21**	**0.28**		**17.06**	**15.51**		**83.99**	**47.75**		**4.92**	**3.08**	
地　方	**0.32**	**0.56**		**13.78**	**11.49**		**56.36**	**26.74**		**4.09**	**2.33**	
北　京	0.53	2.36		10.67	6.61		58.31	19.02		5.46	2.88	
天　津		0.10			10.00			19.80			1.98	
河　北												
山　西		0.40			12.04			19.00			1.58	
内蒙古												
辽　宁												
吉　林	0.61	1.00		8.01	9.00		24.57	34.80		3.07	3.87	
黑龙江	0.16	0.15		6.13	32.06		20.88	56.00		3.41	1.75	
上　海	0.19	0.28		28.40	19.62		131.29	54.62		4.62	2.78	
江　苏	0.80	0.20		5.34	14.50		18.05	32.00		3.38	2.21	
浙　江	1.31	0.55		11.03	14.24		64.98	30.52		5.89	2.14	
安　徽		0.23			14.27			26.03			1.82	
福　建	0.50			4.68			21.40			4.58		
江　西	2.00	1.95		8.49	11.99		19.80	25.07		2.33	2.09	
山　东												
河　南	0.30			10.18			20.00			1.96		
湖　北	0.12			16.00			42.80			2.68		
湖　南	0.11			17.20			38.31			2.23		
广　东	0.40			2.85			38.18			13.38		
广　西		0.37			10.40			31.52			3.03	
海　南												
重　庆												
四　川	0.32	0.15		16.54	18.24		50.43	35.21		3.05	1.93	
贵　州												
云　南												
西　藏												
陕　西	0.22	0.13		16.88	21.75		58.08	47.85		3.44	2.20	
甘　肃												
青　海	0.10			10.00			55.00			5.50		
宁　夏												
新　疆												
兵　团												

各地区使用《中国标准书号》各类图书的平均印数、平均印张、平均定价和平均印张定价（续表21）

X 环境科学

	平均印数（万册/种）			平均印张（印张/册）			平均定价（元/册）			平均印张定价（元/印张）		
	初版	重印	租型	初版	重印	租型	初版	重印	租型	初版	重印	租型
全国总计	**0.35**	**0.45**		**9.71**	**11.46**		**39.97**	**26.94**		**4.12**	**2.35**	
中　央	**0.31**	**0.30**		**10.81**	**14.26**		**48.16**	**31.19**		**4.45**	**2.19**	
地　方	**0.41**	**0.96**		**8.32**	**8.49**		**29.61**	**22.46**		**3.56**	**2.65**	
北　京	1.04	1.34		12.51	10.17		22.70	26.23		1.82	2.58	
天　津	0.11	0.42		16.63	8.88		43.44	25.80		2.61	2.90	
河　北	0.16	8.20		16.45	15.41		45.81	7.90		2.78	0.51	
山　西	0.14			20.80			71.69			3.45		
内蒙古	0.19			5.99			26.81			4.48		
辽　宁	0.33	0.22		6.47	12.12		32.65	29.85		5.05	2.46	
吉　林	0.16	5.58		7.26	6.68		22.54	20.79		3.10	3.11	
黑龙江	0.08	0.30		16.08	21.47		40.10	37.96		2.49	1.77	
上　海	0.73	0.17		4.07	19.03		16.99	38.52		4.17	2.02	
江　苏	0.23	0.20		9.76	12.26		37.97	32.28		3.89	2.63	
浙　江	1.57	1.96		8.36	6.77		25.86	11.81		3.09	1.75	
安　徽	0.27	0.68		6.55	7.98		27.80	19.65		4.24	2.46	
福　建	0.18			14.10			60.85			4.32		
江　西	1.17	0.42		8.19	5.73		25.46	17.80		3.11	3.11	
山　东	0.33	0.63		13.43	16.85		45.24	35.10		3.37	2.08	
河　南	0.13	0.97		15.15	7.69		55.84	18.92		3.69	2.46	
湖　北	0.17	0.17		12.62	14.49		76.76	29.08		6.08	2.01	
湖　南	0.16	0.30		17.89	7.22		59.49	15.00		3.33	2.08	
广　东	0.35	0.56		7.72	6.35		29.16	39.18		3.78	6.17	
广　西	0.79	0.55		8.20	9.69		26.14	26.27		3.19	2.71	
海　南	0.08			33.19			120.00			3.62		
重　庆	0.08	0.09		10.75	12.80		28.00	26.92		2.60	2.10	
四　川	0.23	0.26		12.22	9.80		45.92	22.60		3.76	2.31	
贵　州	0.57	0.59		8.08	13.43		27.00	23.00		3.34	1.71	
云　南	0.07			14.50			58.03			4.00		
西　藏	0.33	0.60		5.32	1.73		16.62	10.00		3.12	5.77	
陕　西	0.52	2.74		11.73	3.95		31.12	50.98		2.65	12.91	
甘　肃	0.08	0.30		27.71	13.44		400.00	38.00		14.44	2.83	
青　海	0.25	0.20		12.23	9.76		155.87	21.00		12.74	2.15	
宁　夏	0.09			15.31			46.19			3.02		
新　疆												
兵　团												

各地区使用《中国标准书号》各类图书的平均印数、平均印张、平均定价和平均印张定价（续表22）

Z 综合性图书

	平均印数（万册/种）			平均印张（印张/册）			平均定价（元/册）			平均印张定价（元/印张）		
	初版	重印	租型	初版	重印	租型	初版	重印	租型	初版	重印	租型
全国总计	**0.50**	**1.45**	**2.86**	**14.31**	**11.42**	**8.31**	**80.61**	**33.98**	**19.90**	**5.63**	**2.98**	**2.39**
中　　央	**0.64**	**1.55**		**16.17**	**13.02**		**103.65**	**47.87**		**6.41**	**3.68**	
地　　方	**0.43**	**1.40**	**2.86**	**12.92**	**10.64**	**8.31**	**63.42**	**27.23**	**19.90**	**4.91**	**2.56**	**2.39**
北　　京	0.74	2.09		12.07	15.16		35.41	26.60		2.93	1.75	
天　　津	0.28	0.28		17.42	6.30		115.85	15.97		6.65	2.54	
河　　北	0.35	1.25	2.86	12.21	8.37	8.31	48.68	15.58	19.90	3.99	1.86	2.39
山　　西	0.41	0.25		18.81	10.59		77.34	16.00		4.11	1.51	
内 蒙 古	0.54	0.27		34.15	61.64		215.57	155.25		6.31	2.52	
辽　　宁	0.26	0.30		16.16	11.73		55.94	24.23		3.46	2.07	
吉　　林	0.40	0.73		8.83	10.78		42.24	22.86		4.79	2.12	
黑 龙 江	0.14	0.05		11.68	15.00		39.90	19.82		3.42	1.32	
上　　海	0.46	2.37		16.80	20.58		89.84	44.44		5.35	2.16	
江　　苏	0.53	0.49		12.33	12.25		83.49	35.48		6.77	2.90	
浙　　江	0.56	1.72		12.63	9.64		43.98	25.67		3.48	2.66	
安　　徽	1.35	1.19		5.05	8.27		28.43	25.15		5.63	3.04	
福　　建	0.17			29.67			167.78			5.65		
江　　西	1.04	3.19		10.72	9.20		26.11	22.96		2.44	2.50	
山　　东	0.48	0.49		10.96	9.21		62.67	42.70		5.72	4.63	
河　　南	0.16	0.99		26.68	12.01		162.93	22.51		6.11	1.87	
湖　　北	0.47	0.75		11.50	10.87		58.39	27.88		5.08	2.56	
湖　　南	0.08			52.22			370.40			7.09		
广　　东	0.22	0.85		19.70	2.83		109.85	10.14		5.58	3.58	
广　　西	0.52	1.83		11.63	3.18		75.74	17.70		6.52	5.56	
海　　南	0.23	1.00		15.80	9.71		92.01	25.00		5.82	2.58	
重　　庆	1.17	0.10		6.52	7.75		46.36	10.90		7.11	1.41	
四　　川	0.29	1.76		9.70	11.64		55.26	61.92		5.70	5.32	
贵　　州	0.30	0.50		14.00	7.58		53.19	21.16		3.80	2.79	
云　　南	0.14	0.25		28.00	19.41		160.77	29.25		5.74	1.51	
西　　藏	0.47			32.56			86.29			2.65		
陕　　西	0.46	2.89		9.02	4.15		69.09	46.21		7.66	11.14	
甘　　肃	0.14	0.61		37.75	12.09		228.53	20.97		6.05	1.73	
青　　海	0.11			28.82			221.54			7.69		
宁　　夏	0.14			24.58			170.39			6.93		
新　　疆	0.15	0.32		12.42	3.43		45.28	12.21		3.65	3.56	
兵　　团	0.11			27.17			138.90			5.11		

各类课本的平均印数、平均印张、平均定价和平均印张定价

	平均印数（万册/种）			平均印张（印张/册）			平均定价（元/册）			平均印张定价（元/印张）		
	初版	重印	租型	初版	重印	租型	初版	重印	租型	初版	重印	租型
课　本　合　计	**0.95**	**2.69**	**15.28**	**10.16**	**8.21**	**7.35**	**19.95**	**12.08**	**7.56**	**1.96**	**1.47**	**1.03**
（1）大专及以上课本	0.40	0.54	0.13	16.88	17.85	16.81	38.78	34.49	27.69	2.30	1.93	1.65
（2）中专、技校课本	0.41	1.25	4.06	13.17	12.67	14.13	30.22	22.98	12.36	2.30	1.81	0.88
（3）中学课本	8.84	12.28	14.79	6.68	7.26	8.36	8.31	7.93	8.28	1.24	1.09	0.99
（4）小学课本	8.76	13.53	16.92	4.96	5.12	6.02	6.49	6.48	6.59	1.31	1.27	1.09
（5）业余教育课本	0.59	1.03	5.34	17.87	15.12	5.34	45.02	36.38	7.80	2.52	2.41	1.46
（6）扫盲课本		0.12			4.86			7.67			1.58	
（7）教学用书	0.60	0.62	1.46	14.80	12.51	7.73	34.07	28.82	13.47	2.30	2.30	1.74

全国少数民族文字图书出版数量与去年相比增减百分比

	图书总计				使用《中国标准书号》部分							
					书籍				课本			
	种数		印数	印张	种数		印数	印张	种数		印数	印张
	合计	初版			合计	初版			合计	初版		
全国总计	**2.65**	**-6.57**	**19.18**	**22.80**	**-0.48**	**-6.96**	**10.54**	**7.00**	**9.49**	**-3.18**	**27.87**	**40.79**
中　　央	0.18		24.44	42.77	-1.52	-1.99	47.27	58.01	21.95	50.00	-75.51	-54.19
地　　方	2.82	-7.17	18.97	21.52	-0.38	-7.45	8.06	1.46	9.31	-4.81	29.36	42.48

续表

	不使用《中国标准书号》部分——图片合计			
	种　数		印　数	印　张
	合　计	初　版		
全国总计	**50.00**	**-50.00**		**-77.11**
中　　央				
地　　方	50.00	-50.00		-77.11

全国少数民族文字

	图书总计				使用《中国标			
					书籍			
	种数（种）		印数	印张	种数（种）		印数	印张
	合计	初版	（万册、张）	（千印张）	合计	初版	（万册、张）	（千印张）
全国合计	**9436**	**4082**	**8238**	**657513**	**6284**	**3625**	**3837**	**305200**
中央合计	**570**	**365**	**336**	**46113**	**520**	**344**	**324**	**44114**
地　　方	**8866**	**3717**	**7902**	**611400**	**5764**	**3281**	**3513**	**261086**
内 蒙 古	2025	802	1356	109046	1271	726	518	47429
辽　　宁	267	170	77	4520	217	141	60	3472
吉　　林	708	282	183	15636	458	247	118	10299
黑 龙 江	111	101	7	743	111	101	7	743
广　　西	35	25	18	1087	22	21	9	624
四　　川	549	233	373	38186	349	195	135	18264
贵　　州	19	14	5	686	18	13	5	661
云　　南	183	181	55	4657	147	146	38	3046
西　　藏	451	181	505	40737	310	179	193	20370
甘　　肃	103	99	39	7052	103	99	39	7052
青　　海	286	83	297	23425	138	83	88	7126
新　　疆	4129	1546	4987	365625	2620	1330	2303	142000

注：本年出版少数民族文字图书的文种有：布依文、朝鲜文、德宏傣文、侗文、规范彝文、哈尼文、哈萨克文、景颇文、柯

图书出版数量

准书号》部分				不使用《中国标准书号》部分——图片合计				附：活页文选、影印书等用纸	
课　本									
种数（种）		印数	印张	种数（种）		印数	印张	印数	印张
合计	初版	（万册、张）	（千印张）	合计	初版	（万册、张）	（千印张）	（万册、张）	（千印张）
3149	**456**	**4396**	**352074**	**3**	**1**	**2**	**19**	**3**	**220**
50	**21**	**12**	**1999**						
3099	**435**	**4384**	**350075**	**3**	**1**	**2**	**19**	**3**	**220**
754	76	838	61617						
48	29	16	1042	2		1	6		
250	35	65	5337						
13	4	9	463						
200	38	238	19922						
1	1		25						
35	34	14	1490	1	1	1	13	2	108
141	2	312	20367						
148		209	16299						
1509	216	2683	223513					1	112

尔克孜文、傈僳文、蒙古文、苗文、纳西文、佤文、维吾尔文、锡伯文、瑶文、载佤文、藏文、壮文等20种。

二、期刊出版

全国各地区各类期刊

	合　　计					
	种数（种）	平均期印数（万册）	总印数（万册）	总印张（千印张）	总金额（万元）	种数（种）
全国总计	**10084**	**13904.97**	**269669**	**15195298**	**2324154**	**365**
中　　央	**3047**	**5294.25**	**87501**	**6075179**	**977729**	**67**
地　　方	**7037**	**8610.71**	**182168**	**9120119**	**1346426**	**298**
北　　京	174	176.91	3371	247130	39233	2
天　　津	254	199.01	3100	161877	31358	3
河　　北	227	207.09	4605	209252	32121	9
山　　西	202	127.93	2421	150409	25102	3
内 蒙 古	147	82.77	1714	90217	10723	3
辽　　宁	321	473.45	8767	364339	52641	6
吉　　林	240	245.19	7731	362689	50167	3
黑 龙 江	314	206.84	4340	245976	34870	8
上　　海	637	652.87	11205	626093	94970	14
江　　苏	470	399.70	11954	523319	101456	18
浙　　江	226	515.00	7690	336176	55838	21
安　　徽	186	291.20	5017	233049	43785	24
福　　建	176	197.15	4215	201196	27487	8
江　　西	165	261.29	7291	222830	30931	6
山　　东	270	442.27	10241	470314	62399	19
河　　南	248	333.43	8166	388579	50997	22
湖　　北	429	763.37	18544	1027425	120801	21
湖　　南	256	591.73	13966	641469	88012	13
广　　东	388	621.55	12270	663517	101761	27
广　　西	184	180.85	4236	180387	30869	12
海　　南	44	40.10	718	50292	7657	2
重　　庆	138	217.89	4854	284443	49181	4
四　　川	359	316.36	5045	290004	50662	14
贵　　州	90	80.14	1713	87897	16445	6
云　　南	127	186.93	3387	177410	24240	6
西　　藏	37	19.55	233	14823	2297	1
陕　　西	287	176.14	3067	190713	29301	6
甘　　肃	134	429.60	9562	520777	57329	7
青　　海	54	20.67	318	21422	2996	
宁　　夏	37	29.06	669	52375	8181	1
新　　疆	199	113.72	1625	77661	11512	8
兵　　团	17	10.92	135	6060	1104	1

注：含高校学报、公报、政报、年鉴1586种，平均期印数351万册，总印数4677万册，总印张745574千印张。

出版数量

综合				哲学、社会科学				
平均期印数（万册）	总印数（万册）	总印张（千印张）	总金额（万元）	种数（种）	平均期印数（万册）	总印数（万册）	总印张（千印张）	总金额（万元）
850. 99	**18230**	**968323**	**123111**	**2664**	**6860. 61**	**126966**	**6490942**	**1046737**
95. 89	**2297**	**150953**	**25008**	**925**	**3566. 34**	**60241**	**3217117**	**567524**
755. 10	**15934**	**817369**	**98103**	**1739**	**3294. 26**	**66724**	**3273825**	**479214**
0. 35	1	203	77	50	69. 45	1513	95749	14535
1. 80	21	1323	206	50	54. 62	978	48249	8255
2. 38	29	1761	500	59	90. 10	1870	81463	12158
0. 95	28	2115	552	52	52. 81	887	48419	8547
0. 85	9	605	90	51	47. 41	803	38621	4874
5. 45	78	4927	492	72	271. 00	5649	225445	29961
1. 60	36	2593	596	63	57. 84	1597	74164	10118
3. 13	30	2064	410	76	98. 65	1851	95149	13301
12. 50	335	16394	2493	143	216. 90	4361	226356	35179
5. 81	101	5211	1741	104	146. 66	4370	191840	35828
3. 47	23	1566	324	48	114. 55	1997	106398	16974
2. 48	12	1336	226	34	69. 58	1218	58401	9989
4. 40	49	2097	610	55	136. 23	3137	138106	17269
3. 87	108	6290	719	47	79. 96	1716	58796	8565
10. 35	329	15865	2818	75	238. 12	3938	229639	28655
2. 89	17	1653	271	68	163. 70	3915	198479	23971
282. 39	5519	238903	24786	104	197. 22	4835	215272	30883
2. 12	14	1173	215	54	148. 66	3288	147051	19765
26. 16	353	21883	3816	99	283. 69	5791	320640	45433
6. 40	172	8395	1360	49	74. 00	1378	66388	9726
6. 20	72	7247	1360	13	11. 23	140	8060	1324
2. 20	74	5988	1530	32	132. 87	2183	111393	19834
23. 46	674	20007	4580	78	140. 71	2079	111016	19072
2. 39	34	2090	617	27	53. 37	1171	64785	11948
1. 04	14	1113	287	38	94. 42	1232	74665	9509
0. 30	1	100	6	12	10. 54	91	4664	689
4. 70	86	5042	822	57	79. 71	1491	82409	11317
327. 85	7622	433508	46096	34	66. 72	1324	50562	5998
				19	7. 83	133	5372	796
0. 50	6	818	240	14	20. 45	564	42563	5863
7. 09	84	5088	264	56	60. 58	1133	49547	8299
0. 03	0. 10	9	0. 40	6	4. 71	91	4164	579

	自然科学、技术						
	种数（种）	平均期印数（万册）	总印数（万册）	总印张（千印张）	总金额（万元）	种数（种）	平均期印数（万册）
全国总计	**5014**	**2495.78**	**36920**	**3040433**	**456385**	**1383**	**2678.98**
中　央	**1560**	**950.92**	**12542**	**1584830**	**214846**	**353**	**525.57**
地　方	**3454**	**1544.85**	**24378**	**1455604**	**241540**	**1030**	**2153.42**
北　京	78	34.65	469	38053	6960	32	63.70
天　津	147	63.30	801	45512	10454	34	31.94
河　北	110	50.10	763	52691	10220	35	52.07
山　西	91	32.71	417	32179	4981	35	25.95
内蒙古	49	11.83	211	14453	1736	21	8.21
辽　宁	180	91.14	1185	66377	11861	45	94.62
吉　林	104	23.55	378	36235	6077	43	43.47
黑龙江	161	43.23	856	44501	6732	50	38.47
上　海	364	170.76	2084	170180	25125	77	103.50
江　苏	263	125.50	2676	109888	21675	57	93.40
浙　江	109	43.41	442	25946	5136	32	326.31
安　徽	88	52.87	636	42830	5591	27	143.65
福　建	72	23.57	214	19227	3212	29	23.59
江　西	71	19.99	281	14371	2352	32	149.66
山　东	131	54.10	1213	64266	8975	31	119.56
河　南	114	46.94	1120	57067	8870	25	88.99
湖　北	211	75.28	1058	75691	14250	63	62.40
湖　南	131	111.00	1647	81047	13210	42	291.84
广　东	183	217.50	4351	213860	30336	47	69.88
广　西	78	37.79	644	29681	5398	30	57.83
海　南	15	7.75	148	8404	1138	11	13.87
重　庆	80	28.53	594	47218	8665	19	53.39
四　川	205	73.07	895	75301	12766	44	71.19
贵　州	34	6.62	65	4883	917	16	14.77
云　南	50	17.35	295	15551	2667	21	19.96
西　藏	6	0.44	2	124	14	13	7.37
陕　西	173	44.13	577	45091	8024	37	36.39
甘　肃	66	12.88	133	11797	1923	20	21.09
青　海	18	2.09	11	672	98	9	6.24
宁　夏	11	2.99	28	1990	377	7	3.92
新　疆	55	17.54	164	9412	1624	45	16.11
兵　团	6	2.23	21	1105	177	1	0.06

出版数量（续表1）

文化、教育			文学、艺术				
总印数（万册）	总印张（千印张）	总金额（万元）	种数（种）	平均期印数（万册）	总印数（万册）	总印张（千印张）	总金额（万元）
61745	**3198073**	**483020**	**658**	**1018. 60**	**25808**	**1497528**	**214901**
9164	**909139**	**128162**	**142**	**155. 53**	**3257**	**213141**	**42190**
52581	**2288934**	**354857**	**516**	**863. 07**	**22551**	**1284387**	**172712**
1266	100683	15991	12	8. 77	122	12442	1669
591	25976	5151	20	47. 35	709	40817	7292
1714	57136	7194	14	12. 44	229	16202	2049
820	52033	7997	21	15. 51	269	15664	3025
219	11437	1172	23	14. 47	472	25101	2852
1633	52894	7919	18	11. 24	222	14695	2408
1174	45083	7730	27	118. 74	4546	204613	25646
1125	72968	11135	19	23. 36	478	31294	3292
1493	87756	15655	39	149. 20	2931	125406	16518
4079	181724	34728	28	28. 33	728	34657	7485
4773	177382	28851	16	27. 26	454	24885	4553
2792	96244	13577	13	22. 61	358	34237	14401
678	33570	4709	12	9. 35	137	8195	1687
4972	135402	17855	9	7. 81	214	7971	1440
4092	141598	18634	14	20. 14	669	18948	3318
2138	88571	10295	19	30. 92	975	42808	7589
1624	76452	11593	30	146. 08	5508	421106	39288
7909	347423	47976	16	38. 11	1109	64775	6846
1349	78092	17132	32	24. 31	427	29042	5043
2005	73582	13997	15	4. 84	37	2341	388
349	25808	3728	3	1. 05	9	775	109
1996	119423	19095	3	0. 89	7	421	57
1200	65692	11603	18	7. 93	196	17989	2641
380	9918	1875	7	3. 00	63	6221	1089
582	30516	4107	12	54. 17	1264	55564	7670
135	9657	1552	5	0. 90	4	278	35
684	43168	6393	14	11. 20	229	15003	2744
476	24304	3237	7	1. 07	8	605	74
116	11373	1609	8	4. 51	57	4005	493
57	5683	1585	4	1. 21	13	1321	117
161	7370	778	35	12. 41	83	6242	548
0. 36	19	2	3	3. 90	23	764	346

全国各地区少儿期刊、画刊出版数量

	少儿期刊					画刊				
	种数（种）	平均期印数（万册）	总印数（万册）	总印张（千印张）	总金额（万元）	种数（种）	平均期印数（万册）	总印数（万册）	总印张（千印张）	总金额（万元）
全国总计	**212**	**1795.67**	**50692**	**1753680**	**314596**	**55**	**63.30**	**886**	**80078**	**14799**
中　央	**35**	**313.71**	**9323**	**270649**	**68861**	**20**	**39.01**	**553**	**56890**	**8495**
地　方	**177**	**1481.96**	**41369**	**1483031**	**245734**	**35**	**24.28**	**333**	**23188**	**6304**
北　京	4	5.43	77	2651	552					
天　津	8	20.98	442	14063	4434	1	0.85	5	356	101
河　北	3	20.69	762	13066	2347	2	1.66	26	1440	449
山　西	3	2.91	60	2099	395	1	0.75	27	2009	540
内蒙古	5	17.63	599	28815	3241	1	0.25	2	60	18
辽　宁	7	45.80	830	23270	5777					
吉　林	7	15.29	481	20410	3250	1	0.30	11	835	324
黑龙江	8	25.08	563	26484	3589	2	1.50	13	1137	260
上　海	22	81.91	1605	52076	10736	1	0.40	5	234	71
江　苏	12	105.01	5374	178098	44502	1	0.24	10	346	160
浙　江	9	257.63	3517	94864	19420	2	1.15	13	658	123
安　徽	9	115.98	1871	44840	8788					
福　建	3	10.19	305	8974	2286	1	0.33	4	194	47
江　西	6	29.45	1045	20452	3356	2	1.80	26	1734	480
山　东	6	86.87	3137	77084	11318					
河　南	4	7.41	257	8219	2128					
湖　北	5	167.80	6757	357730	35046	2	1.22	39	2612	974
湖　南	10	212.35	6080	235802	34275	2	0.60	7	810	130
广　东	10	53.37	1295	38652	7594	4	4.63	53	5097	895
广　西	8	31.25	1267	35244	8163	2	0.51	5	295	94
海　南										
重　庆	2	14.41	710	35616	7104					
四　川	8	27.58	820	36361	7740	1	0.50	6	446	150
贵　州						1	1.20	29	1405	432
云　南	4	57.21	1404	60312	8638	1	0.50	10	775	250
西　藏	1	1.35	32	972	227					
陕　西	5	19.90	645	25332	4215	2	1.00	12	1148	240
甘　肃	3	32.78	1008	29247	3811					
青　海	1	2.00	72	2268	360					
宁　夏						1	0.50	6	818	240
新　疆	4	13.70	354	10029	2441	3	1.10	6	278	10
兵　团						1	3.30	20	499	317

各类期刊占期刊出版总数的百分比

	种数	总印数	总印张	总金额
综　　合	3.62	6.76	6.37	5.30
哲学、社会科学	26.42	47.08	42.72	45.04
自然科学、技术	49.72	13.69	20.01	19.64
文　化、教　育	13.71	22.90	21.05	20.78
文　学、艺　术	6.53	9.57	9.86	9.25
少　儿　期　刊	2.10	18.80	11.54	13.54
画　　刊	0.55	0.33	0.53	0.64
动　漫　期　刊	0.40	3.05	3.35	2.28

主要刊期的期刊出版数量

	月刊					双月刊					季刊				
	种数（种）	平均期印数（万册）	总印数（万册）	总印张（千印张）	总金额（万元）	种数（种）	平均期印数（万册）	总印数（万册）	总印张（千印张）	总金额（万元）	种数（种）	平均期印数（万册）	总印数（万册）	总印张（千印张）	总金额（万元）
全　国	**3472**	**6148**	**74007**	**4640558**	**775504**	**3283**	**898**	**5412**	**425994**	**84474**	**1186**	**276**	**1103**	**73948**	**20948**
中　央	**1357**	**2624**	**31607**	**2216413**	**393625**	**668**	**259**	**1569**	**118714**	**30491**	**246**	**134**	**534**	**32910**	**11256**
地　方	**2115**	**3525**	**42400**	**2424145**	**381879**	**2615**	**639**	**3843**	**307280**	**53983**	**940**	**142**	**569**	**41038**	**9692**
北　京	67	95	1138	95769	15281	48	13	76	6761	1513	22	4	15	1201	219
天　津	96	89	1064	72341	11449	91	29	171	12949	2223	23	4	15	869	244
河　北	56	85	1015	55124	9256	71	14	85	6931	1249	38	4	17	1492	180
山　西	61	58	694	44726	8638	67	16	96	7104	1225	31	5	21	1448	311
内蒙古	46	32	394	21367	2923	56	8	50	3695	509	15	2	6	532	88
辽　宁	124	213	2576	113480	18876	126	26	158	11628	3012	29	4	16	1324	189
吉　林	80	38	452	32157	5618	68	14	83	7259	1261	24	2	10	887	635
黑龙江	109	81	969	53652	8219	106	18	107	8925	1385	29	3	12	883	181
上　海	232	318	3865	247102	43648	252	77	485	40058	7640	77	12	46	2663	832
江　苏	88	95	1145	73859	11660	201	50	303	25982	4530	82	10	40	2981	539
浙　江	80	385	4606	208577	31411	76	17	105	7771	1548	34	4	16	1079	377
安　徽	47	184	2228	100118	23231	86	21	126	10803	1872	22	3	10	687	122
福　建	50	97	1170	58949	10241	71	16	104	9144	1236	38	5	21	1403	177
江　西	37	58	694	36658	5435	64	12	69	5401	1091	23	3	12	880	124
山　东	61	166	1996	109239	12162	116	38	226	15500	2459	33	6	23	1547	265
河　南	61	49	583	35451	5085	82	15	90	7815	1261	33	4	18	1399	237
湖　北	125	316	3766	221918	25630	157	35	208	16381	3067	34	4	16	1351	261
湖　南	78	247	3106	160045	23862	98	20	119	10488	1564	35	5	21	1693	269
广　东	130	202	2357	166146	31232	133	45	271	18808	3115	41	5	19	1260	334
广　西	66	70	856	44136	6712	66	12	74	5728	677	26	5	19	1175	335
海　南	18	18	213	16154	2859	7	3	12	1077	274	7	1	4	387	83
重　庆	43	106	1258	59805	9792	51	11	65	6012	1082	5	1	4	125	41
四　川	114	181	2162	134441	22894	142	40	229	18222	3065	56	8	33	2237	495
贵　州	21	28	343	22249	3065	39	8	42	3291	637	15	11	43	3673	2051
云　南	36	95	1136	74313	9343	54	8	50	4406	680	14	2	7	500	70
西　藏	7	8	95	6964	1106	10	3	20	1995	267	15	6	22	1297	195
陕　西	81	79	918	66142	10065	109	25	150	13605	2445	35	6	23	1850	338
甘　肃	36	64	773	44636	4878	61	10	58	6077	954	12	2	7	601	89
青　海	8	7	79	4051	576	13	2	14	1132	127	24	4	15	1164	137
宁　夏	12	6	78	6924	1500	10	4	22	2587	425	6	1	3	223	28
新　疆	42	53	639	36056	5004	75	25	151	8710	1212	59	8	32	2108	224
兵　团	3	3	33	1597	230	9	4	27	1034	379	3	1	2	117	21

各类期刊的平均印张和平均定价

	每册		每印张定价（元）
	印张	定价（元）	
综合	5.31	6.75	1.27
哲学、社会科学	5.11	8.24	1.61
自然科学、技术	8.24	12.36	1.50
文化、教育	5.18	7.82	1.51
文学、艺术	5.80	8.33	1.44
少儿期刊	3.46	6.21	1.79
画刊	9.03	16.69	1.85
动漫	6.19	6.45	1.04

全国少数民族文字期刊分类出版数量

	合计					综合					哲学、社会科学				
	种数（种）	平均期印数（万册）	总印数（万册）	总印张（千印张）	总金额（万元）	种数（种）	平均期印数（万册）	总印数（万册）	总印张（千印张）	总金额（万元）	种数（种）	平均期印数（万册）	总印数（万册）	总印张（千印张）	总金额（万元）
全国总计	**225**	**124.30**	**1272.71**	**60502.26**	**7129.28**	**9**	**2.86**	**34.95**	**1715.05**	**296.08**	**76**	**77.33**	**871.66**	**38890.86**	**4659.52**
中　　央	**19**	**20.32**	**127.96**	**6927.96**	**1052.39**	**3**	**1.20**	**14.34**	**609.45**	**172.08**	**11**	**17.67**	**104.86**	**5617.71**	**759.42**
地　　方	**206**	**103.98**	**1144.75**	**53574.30**	**6076.89**	**6**	**1.66**	**20.61**	**1105.60**	**124.00**	**65**	**59.66**	**766.80**	**33273.15**	**3900.10**
内蒙古	42	27.37	412.01	18358.60	2129.80						19	23.59	379.93	16132.02	1898.84
吉　林	13	4.03	43.42	2953.30	261.26						4	2.76	33.09	1902.93	163.99
黑龙江	2	0.58	3.96	218.45	24.60										
广　西	1	0.26	1.81	54.31	5.43										
四　川	4	1.76	7.24	366.20	69.31						2	1.60	6.40	320.00	57.60
云　南	3	0.40	1.80	84.48	12.00										
西　藏	16	6.46	40.14	1831.83	213.03	1	0.30	1.20	100.17	6.00	5	4.54	31.66	1199.91	150.58
甘　肃	3	0.66	2.32	200.79	14.60						2	0.16	0.32	32.26	1.60
青　海	12	2.56	12.60	916.27	74.36						5	0.92	5.44	296.69	24.88
新　疆	110	59.91	619.45	28590.07	3272.50	5	1.36	19.41	1005.43	118.00	28	26.09	309.96	13389.34	1602.61

续表1

	自然科学、技术					文化、教育					文学、艺术				
	种数（种）	平均期印数（万册）	总印数（万册）	总印张（千印张）	总金额（万元）	种数（种）	平均期印数（万册）	总印数（万册）	总印张（千印张）	总金额（万元）	种数（种）	平均期印数（万册）	总印数（万册）	总印张（千印张）	总金额（万元）
全国总计	**40**	**13.06**	**122.92**	**5745.37**	**795.51**	**37**	**13.38**	**130.06**	**5254.57**	**531.73**	**63**	**17.68**	**113.12**	**8896.41**	**846.44**
中　　央											**5**	**1.46**	**8.76**	**700.80**	**120.89**
地　　方	**40**	**13.06**	**122.92**	**5745.37**	**795.51**	**37**	**13.38**	**130.06**	**5254.57**	**531.73**	**58**	**16.22**	**104.36**	**8195.61**	**725.55**
内蒙古	8	1.30	9.96	449.04	78.42	3	0.43	5.40	334.34	28.80	12	2.05	16.72	1443.20	123.74
吉　林	2	0.18	1.76	121.11	14.04	3	0.49	4.14	259.68	29.76	4	0.60	4.43	669.58	53.47
黑龙江											2	0.58	3.96	218.45	24.60
广　西											1	0.26	1.81	54.31	5.43
四　川											2	0.16	0.84	46.20	11.71
云　南											3	0.40	1.80	84.48	12.00
西　藏	3	0.17	0.68	72.30	8.80	4	0.90	4.30	301.82	30.45	3	0.55	2.30	157.63	17.20
甘　肃											1	0.50	2.00	168.53	13.00
青　海	2	0.24	0.96	62.12	7.88	2	0.40	2.20	171.51	10.40	3	1.00	4.00	385.95	31.20
新　疆	25	11.17	109.56	5040.80	686.37	25	11.17	114.02	4187.22	432.32	27	10.12	66.50	4967.28	433.20

续表2

	少儿期刊					画刊				
	种数（种）	平均期印数（万册）	总印数（万册）	总印张（千印张）	总金额（万元）	种数（种）	平均期印数（万册）	总印数（万册）	总印张（千印张）	总金额（万元）
全国总计	**6**	**15.89**	**289.63**	**10939.38**	**1272.97**	**5**	**1.80**	**16.94**	**738.89**	**176.88**
中　　央						**3**	**1.20**	**14.34**	**609.45**	**172.08**
地　　方	**6**	**15.89**	**289.63**	**10939.38**	**1272.97**	**2**	**0.60**	**2.60**	**129.44**	**4.80**
内蒙古	2	9.39	217.06	8664.39	1085.32					
吉　林	1	0.80	9.57	602.91	47.85					
黑龙江	1	0.50	3.00	150.00	15.00					
广　西										
四　川										
云　南										
西　藏										
甘　肃										
青　海										
新　疆	2	5.20	60.00	1522.08	124.80	2	0.60	2.60	129.44	4.80

全国少数民族文字期刊出版数量与上年相比增减百分比

	种数	总印数	总印张	总金额
全　国	0. 90	2. 15	3. 26	3. 75
中　央	-5. 00	1. 84	0. 94	4. 57
地　方	1. 48	2. 19	3. 57	3. 61

三、报纸出版

全国各级报纸出版数量

	合计					中央及省、自治区、直辖市级				
	种数（种）	平均期印数（万份）	总印数（万份）	总印张（千印张）	总金额（万元）	种数（种）	平均期印数（万份）	总印数（万份）	总印张（千印张）	总金额（万元）
全国总计	**1894**	**19494.94**	**3900666**	**126726967**	**4082042**	**997**	**14685.11**	**2643309**	**83928443**	**2891113**
中央	**217**	**3029.57**	**787648**	**22538698**	**892631**	**217**	**3029.57**	**787648**	**22538698**	**892631**
地方	**1677**	**16465.37**	**3113017**	**104188269**	**3189410**	**780**	**11655.53**	**1855661**	**61389745**	**1998481**
北京	35	267.64	72308	3394385	75493	35	267.64	72308	3394385	75493
天津	24	175.53	49324	1673895	49322	24	175.53	49324	1673895	49322
河北	64	520.13	128177	2849598	121678	28	349.59	81503	1412910	80013
山西	60	2412.93	201619	2015550	196110	36	2285.56	176218	1505721	173382
内蒙古	58	127.85	30227	691819	29829	23	72.38	14766	387483	15814
辽宁	68	529.37	103862	3808361	76054	19	337.58	54169	2169132	37502
吉林	51	861.95	78857	2046263	102095	24	783.80	59559	1541593	82047
黑龙江	68	356.80	62387	1455702	60113	27	154.41	32716	697272	24068
上海	70	455.47	100393	4567195	112522	70	455.47	100393	4567195	112522
江苏	81	1127.83	232495	8131138	223899	30	697.45	124434	4565754	113667
浙江	67	925.91	261247	9617286	233660	21	380.10	102473	3466811	101447
安徽	51	363.25	79488	2012609	74574	19	196.90	40441	808416	38923
福建	42	429.08	90608	3415302	95278	19	299.08	46974	1832406	48846
江西	41	1052.92	107365	2278902	101798	19	953.40	74385	1214308	72141
山东	87	894.56	262037	11986237	236121	29	470.45	143886	7997126	133608
河南	77	1476.40	192109	4949801	203683	31	1211.58	126718	3050621	134866
湖北	73	522.35	122128	3479620	136029	27	189.12	47124	1455914	57520
湖南	48	567.33	98425	2829882	94685	22	425.94	59587	1878774	68909
广东	99	1151.85	298845	16595386	442454	32	522.58	138361	8015687	257836
广西	53	223.29	64275	1738851	60281	20	121.51	31362	945495	29566
海南	14	73.96	21536	694276	23555	10	54.38	16467	537433	17710
重庆	27	221.90	44041	1917096	50311	24	213.80	41746	1858558	48505
四川	85	592.52	152764	5157271	158361	37	334.50	75078	2470745	87591
贵州	30	108.38	30224	822155	28474	13	50.45	13413	390279	13685
云南	42	151.05	40062	1012112	37100	17	100.78	25078	743240	25972
西藏	25	39.49	7972	205006	5762	11	25.67	5454	116550	3404
陕西	43	242.99	57328	1632654	55875	27	151.14	34474	1083413	32880
甘肃	50	250.84	50207	1037892	42484	23	174.07	27134	473587	27292
青海	26	37.61	9566	313133	6829	15	23.27	5525	162595	4654
宁夏	14	46.03	10439	273247	11457	8	34.34	6992	189899	7954
新疆	85	225.76	46121	1480752	36302	35	124.37	23235	700731	16308
兵团	19	32.41	6582	104894	7220	5	18.66	4364	81818	5033

全国各级报纸出版数量（续表）

	地、市级					县　级				
	种数（种）	平　均期印数（万份）	总印数（万份）	总印张（千印张）	总金额（万元）	种数（种）	平　均期印数（万份）	总印数（万份）	总印张（千印张）	总金额（万元）
全国总计	**878**	**4780.59**	**1249274**	**42632264**	**1184440**	**19**	**29.24**	**8083**	**166260**	**6489**
中　央										
地　方	**878**	**4780.59**	**1249274**	**42632264**	**1184440**	**19**	**29.24**	**8083**	**166260**	**6489**
北　京										
天　津										
河　北	35	169.24	46362	1430448	41303	1	1.30	312	6240	362
山　西	23	127.04	25371	509523	22670	1	0.32	31	307	58
内蒙古	32	54.16	15264	302449	13849	3	1.30	198	1888	166
辽　宁	46	190.10	49403	1637777	38271	3	1.70	290	1451	281
吉　林	27	78.15	19298	504670	20049					
黑龙江	41	202.39	29671	758430	36044					
上　海										
江　苏	51	430.39	108061	3565384	110232					
浙　江	43	530.67	153390	6014355	128035	3	15.14	5384	136120	4178
安　徽	32	166.34	39047	1204193	35651					
福　建	23	130.00	43634	1582896	46433					
江　西	20	96.23	32449	1059279	29219	2	3.29	531	5314	439
山　东	58	424.11	118151	3989111	102512					
河　南	46	264.81	65391	1899180	68817					
湖　北	43	328.68	73870	2012372	77671	3	4.55	1134	11335	837
湖　南	26	141.39	38838	951108	25776					
广　东	67	629.27	160484	8579699	184618					
广　西	33	101.78	32913	793357	30716					
海　南	4	19.58	5069	156843	5845					
重　庆	3	8.10	2294	58538	1806					
四　川	48	258.02	77686	2686527	70770					
贵　州	17	57.93	16811	431875	14789					
云　南	25	50.27	14983	268872	11128					
西　藏	14	13.81	2518	88456	2358					
陕　西	16	91.85	22854	549240	22995					
甘　肃	27	76.77	23074	564305	15192					
青　海	9	12.92	3860	147043	2020	2	1.43	181	3495	155
宁　夏	6	11.68	3448	83348	3503					
新　疆	49	101.17	22863	779911	19981	1	0.22	22	110	13
兵　团	14	13.75	2219	23076	2186					

各级综合报纸出版数量

	合计					中央及省、自治区、直辖市级				
	种数（种）	平均期印数（万份）	总印数（万份）	总印张（千印张）	总金额（万元）	种数（种）	平均期印数（万份）	总印数（万份）	总印张（千印张）	总金额（万元）
全国总计	**850**	**7567.85**	**2506132**	**100183166**	**2553033**	**210**	**4148.80**	**1405720**	**61220222**	**1530689**
中央	**21**	**1047.85**	**364673**	**11972000**	**400439**	**21**	**1047.85**	**364673**	**11972000**	**400439**
地方	**829**	**6520.00**	**2141459**	**88211166**	**2152594**	**189**	**3100.94**	**1041047**	**49248222**	**1130250**
北京	11	166.68	58418	3117677	58965	11	166.68	58418	3117677	58965
天津	5	99.64	36075	1426473	36115	5	99.64	36075	1426473	36115
河北	26	201.64	66146	2110157	68252	4	69.29	23833	789116	29534
山西	23	106.22	32784	818015	32160	6	44.67	12174	352341	13431
内蒙古	36	88.98	26056	608393	25189	7	39.17	11335	310585	11335
辽宁	38	241.54	78860	3424968	59356	7	117.40	39712	2028919	25286
吉林	22	101.70	32885	1292595	27723	4	49.73	17048	828046	12188
黑龙江	29	118.13	37963	1061119	27819	7	54.12	17396	473991	11685
上海	12	165.54	59293	3465342	73183	12	165.54	59293	3465342	73183
江苏	48	468.99	164505	7164875	165549	11	210.81	74632	4111905	76690
浙江	42	614.60	217784	8664513	193471	5	226.37	81012	3162863	78616
安徽	28	161.96	50369	1577454	52400	3	46.00	14916	445980	19461
福建	23	219.78	73881	2618402	79495	6	98.65	30704	1053994	34039
江西	28	170.21	55698	1893566	48473	7	72.69	23120	830982	19138
山东	40	608.80	211575	10880593	196418	9	329.61	116156	7552036	112185
河南	35	346.21	104883	3965142	116047	3	146.13	48639	2273684	58238
湖北	35	318.77	104550	3106210	104835	6	124.14	39231	1276741	40297
湖南	28	180.76	59765	1968535	40801	5	75.20	24918	1101626	19052
广东	48	893.88	262750	15077672	376421	5	370.57	115047	6823238	214502
广西	30	158.39	53785	1540917	49252	7	64.47	21446	762263	19160
海南	4	35.88	12928	502294	12928	2	26.22	9413	376515	9413
重庆	12	113.44	38043	1779167	37202	9	105.34	35748	1720629	35395
四川	42	304.05	104140	4252113	101317	5	105.48	36592	1828479	38758
贵州	17	73.62	24976	734627	23560	4	28.74	10023	327560	9667
云南	29	107.67	34480	907743	29418	4	57.40	19497	638871	18289
西藏	17	23.68	5967	192959	4335	3	9.87	3449	104503	1977
陕西	18	136.98	45908	1450426	42715	4	70.13	24368	942268	21328
甘肃	25	102.48	31363	776331	21996	5	36.21	9430	232376	8046
青海	15	27.23	8622	297676	6095	5	13.89	4633	148698	3972
宁夏	8	20.88	6775	168304	7156	3	12.76	4444	127794	4769
新疆	49	120.85	35383	1280225	28396	12	46.67	14134	532467	10620
兵团	6	20.81	4850	86683	5554	3	17.36	4208	80260	4915

各级综合报纸出版数量（续表）

	地、市级					县级				
	种数（种）	平均期印数（万份）	总印数（万份）	总印张（千印张）	总金额（万元）	种数（种）	平均期印数（万份）	总印数（万份）	总印张（千印张）	总金额（万元）
全国总计	**623**	**3397.91**	**1094889**	**38873433**	**1018414**	**17**	**21.14**	**5524**	**89511**	**3930**
中央										
地方	**623**	**3397.91**	**1094889**	**38873433**	**1018414**	**17**	**21.14**	**5524**	**89511**	**3930**
北京										
天津										
河北	21	131.05	42001	1314802	38356	1	1.30	312	6240	362
山西	16	61.23	20580	465367	18671	1	0.32	31	307	58
内蒙古	26	48.51	14523	295921	13688	3	1.30	198	1888	166
辽宁	28	122.44	38858	1394598	33789	3	1.70	290	1451	281
吉林	18	51.97	15837	464549	15535					
黑龙江	22	64.01	20566	587128	16134					
上海										
江苏	37	258.18	89872	3052971	88859					
浙江	35	380.20	133894	5440719	113183	2	8.04	2878	60931	1671
安徽	25	115.96	35453	1131474	32939					
福建	17	121.12	43177	1564408	45456					
江西	19	94.23	32047	1057269	28897	2	3.29	531	5314	439
山东	31	279.19	95419	3328557	84233					
河南	32	200.08	56244	1691458	57810					
湖北	26	190.08	64186	1818133	63700	3	4.55	1134	11335	837
湖南	23	105.56	34848	866909	21749					
广东	43	523.31	147702	8254434	161918					
广西	23	93.92	32339	778654	30092					
海南	2	9.66	3516	125780	3516					
重庆	3	8.10	2294	58538	1806					
四川	37	198.57	67548	2423634	62560					
贵州	13	44.89	14953	407067	13893					
云南	25	50.27	14983	268872	11128					
西藏	14	13.81	2518	88456	2358					
陕西	14	66.85	21540	508158	21386					
甘肃	20	66.27	21932	543955	13950					
青海	9	12.92	3860	147043	2020	1	0.43	129	1935	103
宁夏	5	8.12	2330	40510	2386					
新疆	36	73.96	21227	747648	17763	1	0.22	22	110	13
兵团	3	3.45	642	6423	638					

各级专业报纸出版数量

	合计					中央及省、自治区、直辖市级				
	种数（种）	平均期印数（万份）	总印数（万份）	总印张（千印张）	总金额（万元）	种数（种）	平均期印数（万份）	总印数（万份）	总印张（千印张）	总金额（万元）
全国总计	**700**	**9039.01**	**1069168**	**19747626**	**1192825**	**560**	**8376.60**	**974967**	**17825503**	**1092375**
中　央	**163**	**1449.18**	**335618**	**8679213**	**391717**	**163**	**1449.18**	**335618**	**8679213**	**391717**
地　方	**537**	**7589.82**	**733550**	**11068413**	**801108**	**397**	**6927.42**	**639350**	**9146290**	**700658**
北　京	15	53.95	7204	131934	9573	15	53.95	7204	131934	9573
天　津	12	38.54	6271	136125	7805	12	38.54	6271	136125	7805
河　北	23	250.25	53135	520085	45098	18	237.65	50099	482104	43915
山　西	25	2255.85	161046	1055995	157009	20	2196.14	156572	1024527	153328
内蒙古	15	20.83	2427	46545	2419	10	15.93	1725	40797	2336
辽　宁	12	206.21	15353	137520	12213	8	197.04	13070	106887	11022
吉　林	17	738.82	44067	713257	72267	12	720.94	41025	685532	68351
黑龙江	25	178.59	14559	195626	24438	15	60.30	7498	97543	6748
上　海	39	143.56	19328	688379	23487	39	143.56	19328	688379	23487
江　苏	21	303.34	43697	584970	40629	13	218.62	31807	318876	28938
浙　江	17	203.11	33003	747707	29352	10	100.89	13880	204253	15974
安　徽	14	54.57	10254	152099	8820	9	48.01	8925	138807	8666
福　建	10	168.42	12150	685925	10383	9	167.92	12124	685795	10357
江　西	7	803.74	46634	253795	46507	6	801.74	46232	251785	46185
山　东	26	147.42	29453	464654	21544	14	100.72	21123	284768	14992
河　南	30	918.79	73928	778638	75987	24	890.65	67085	650145	67553
湖　北	30	77.73	9707	216194	18850	17	45.98	6279	146942	13645
湖　南	11	239.88	25869	600372	34610	9	231.38	23817	563260	32952
广　东	33	163.12	27931	1248151	48485	17	116.28	20589	1061496	34731
广　西	11	46.11	8262	147159	8209	8	42.31	7892	141810	7901
海　南	8	33.08	8357	186982	10252	7	28.16	7054	160919	8297
重　庆	7	25.93	2273	58039	3796	7	25.93	2273	58039	3796
四　川	27	156.35	31991	589299	39487	22	126.84	25157	417948	35231
贵　州	5	9.63	2069	44820	2559	4	7.83	1796	39348	2012
云　南	8	28.37	3922	78595	6321	8	28.37	3922	78595	6321
西　藏	5	13.30	1897	10183	1372	5	13.30	1897	10183	1372
陕　西	15	58.18	7300	102291	8837	14	55.13	7117	100461	8690
甘　肃	23	144.36	18221	253242	19838	17	135.86	17183	236012	18908
青　海	6	7.03	745	12175	525	6	7.03	745	12175	525
宁　夏	4	21.09	2523	61377	3136	4	21.09	2523	61377	3136
新　疆	24	70.07	8345	150150	5738	16	48.02	6981	127912	3796
兵　团	12	9.60	1628	16130	1562	2	1.30	156	1558	118

各级专业报纸出版数量（续表）

	地、市级					县级				
	种数（种）	平均期印数（万份）	总印数（万份）	总印张（千印张）	总金额（万元）	种数（种）	平均期印数（万份）	总印数（万份）	总印张（千印张）	总金额（万元）
全国总计	**139**	**655.30**	**91694**	**1846933**	**97944**	**1**	**7.10**	**2506**	**75189**	**2506**
中　央										
地　方	**139**	**655.30**	**91694**	**1846933**	**97944**	**1**	**7.10**	**2506**	**75189**	**2506**
北　京										
天　津										
河　北	5	12.60	3036	37981	1183					
山　西	5	59.71	4474	31468	3682					
内蒙古	5	4.90	702	5748	83					
辽　宁	4	9.17	2283	30633	1190					
吉　林	5	17.88	3042	27726	3917					
黑龙江	10	118.29	7060	98083	17690					
上　海										
江　苏	8	84.72	11890	266094	11692					
浙　江	6	95.12	16617	468265	10872	1	7.10	2506	75189	2506
安　徽	5	6.56	1329	13292	154					
福　建	1	0.50	26	130	26					
江　西	1	2.00	402	2010	322					
山　东	12	46.70	8330	179886	6552					
河　南	6	28.14	6843	128493	8434					
湖　北	13	31.75	3428	69252	5206					
湖　南	2	8.50	2053	37113	1659					
广　东	16	46.84	7342	186655	13754					
广　西	3	3.80	370	5349	308					
海　南	1	4.92	1303	26063	1955					
重　庆										
四　川	5	29.51	6835	171351	4256					
贵　州	1	1.80	274	5472	547					
云　南										
西　藏										
陕　西	1	3.05	183	1830	146					
甘　肃	6	8.50	1038	17230	930					
青　海										
宁　夏										
新　疆	8	22.05	1364	22238	1942					
兵　团	10	8.30	1472	14572	1444					

各级生活服务报纸出版数量

	合计					中央及省、自治区、直辖市级				
	种数（种）	平均期印数（万份）	总印数（万份）	总印张（千印张）	总金额（万元）	种数（种）	平均期印数（万份）	总印数（万份）	总印张（千印张）	总金额（万元）
全国总计	**214**	**1239.04**	**106276**	**3521019**	**132381**	**117**	**656.18**	**59155**	**1913164**	**81271**
中　　央	**16**	**232.33**	**18880**	**572476**	**31190**	**16**	**232.33**	**18880**	**572476**	**31190**
地　　方	**198**	**1006.72**	**87396**	**2948543**	**101191**	**101**	**423.85**	**40275**	**1340688**	**50081**
北　　京	4	8.75	437	10972	367	4	8.75	437	10972	367
天　　津	3	10.96	564	17834	739	3	10.96	564	17834	739
河　　北	12	42.55	2448	117045	3165	3	16.96	1123	39380	1401
山　　西	9	36.85	3931	91261	4300	7	30.75	3613	78573	3983
内 蒙 古	6	3.04	215	6280	385	5	2.29	176	5500	307
辽　　宁	13	49.78	6051	207402	2282	2	12.30	370	23156	620
吉　　林	7	8.12	625	22265	921	5	6.12	521	19145	817
黑 龙 江	10	39.50	3727	139311	4531	3	21.43	1786	67588	2486
上　　海	9	43.29	7329	302897	4569	9	43.29	7329	302897	4569
江　　苏	8	94.39	6749	256019	10512	2	6.90	450	9700	830
浙　　江	5	68.66	4079	131492	6031	3	13.31	1200	26122	2051
安　　徽	3	40.37	4413	172451	3335	2	11.00	2900	116780	1528
福　　建	7	15.78	821	35836	1644	2	7.41	389	17479	693
江　　西	3	68.27	3818	117246	5251	3	68.27	3818	117246	5251
山　　东	17	100.71	13609	529553	13656	4	31.50	4206	136305	4804
河　　南	9	48.60	3480	102149	3750	1	12.00	1176	22920	1176
湖　　北	4	100.85	5181	95467	7263	2	4.00	174	4230	498
湖　　南	4	40.34	3102	70374	4070	3	13.01	1164	23287	1702
广　　东	11	29.31	1648	109942	7266	9	27.82	1571	107885	7046
广　　西	9	7.90	508	32384	923	2	3.84	304	23030	608
海　　南	1					1				
重　　庆	6	22.53	2565	56115	2614	6	22.53	2565	56115	2614
四　　川	12	51.60	5818	149561	7648	6	21.66	2515	58019	3694
贵　　州	4	15.06	1725	26688	666	1	3.81	140	7352	317
云　　南	3	5.90	497	10650	605	3	5.90	497	10650	605
西　　藏	1	0.10	5	104	6	1	0.10	5	104	6
陕　　西	6	32.65	2036	59602	2280	5	10.70	905	20350	818
甘　　肃	1	2.00	104	3120	312					
青　　海	2	1.45	75	2262	99	1	0.45	23	702	47
宁　　夏	2	4.05	1141	43566	1166	1	0.50	24	728	49
新　　疆	6	11.36	590	26615	732	2	6.30	328	16640	458
兵　　团	1	2.00	104	2080	104					

各级生活服务报纸出版数量（续表）

	地、市级					县级				
	种数（种）	平均期印数（万份）	总印数（万份）	总印张（千印张）	总金额（万元）	种数（种）	平均期印数（万份）	总印数（万份）	总印张（千印张）	总金额（万元）
全国总计	**96**	**581.87**	**47069**	**1606295**	**51059**	**1**	**1.00**	**52**	**1560**	**52**
中央										
地方	**96**	**581.87**	**47069**	**1606295**	**51059**	**1**	**1.00**	**52**	**1560**	**52**
北京										
天津										
河北	9	25.59	1325	77665	1764					
山西	2	6.10	317	12688	317					
内蒙古	1	0.75	39	780	78					
辽宁	11	37.48	5682	184246	1663					
吉林	2	2.00	104	3120	104					
黑龙江	7	18.07	1941	71723	2045					
上海										
江苏	6	87.49	6299	246319	9682					
浙江	2	55.35	2878	105371	3980					
安徽	1	29.37	1513	55671	1807					
福建	5	8.37	431	18358	951					
江西										
山东	13	69.21	9404	393248	8853					
河南	8	36.60	2304	79229	2574					
湖北	2	96.85	5007	91237	6765					
湖南	1	27.33	1938	47086	2368					
广东	2	1.49	77	2057	220					
广西	7	4.06	204	9354	315					
海南										
重庆										
四川	6	29.94	3303	91542	3954					
贵州	3	11.25	1585	19336	349					
云南										
西藏										
陕西	1	21.95	1131	39252	1462					
甘肃	1	2.00	104	3120	312					
青海						1	1.00	52	1560	52
宁夏	1	3.56	1117	42838	1117					
新疆	4	5.06	262	9975	275					
兵团	1	2.00	104	2080	104					

各级读者对象报纸出版数量

	合　计					中央及省、自治区、直辖市级				
	种数（种）	平均期印数（万份）	总印数（万份）	总印张（千印张）	总金额（万元）	种数（种）	平均期印数（万份）	总印数（万份）	总印张（千印张）	总金额（万元）
全国总计	**107**	**1289.05**	**171940**	**2620830**	**160437**	**91**	**1168.40**	**158786**	**2382558**	**147115**
中　央	**13**	**220.07**	**57205**	**1187668**	**60888**	**13**	**220.07**	**57205**	**1187668**	**60888**
地　方	**94**	**1068.98**	**114735**	**1433162**	**99548**	**78**	**948.33**	**101581**	**1194890**	**86226**
北　京	5	38.27	6248	133802	6589	5	38.27	6248	133802	6589
天　津	3	20.80	5792	81032	3917	3	20.80	5792	81032	3917
河　北	3	25.69	6449	102311	5163	3	25.69	6449	102311	5163
山　西	3	14.00	3858	50280	2640	3	14.00	3858	50280	2640
内蒙古	1	15.00	1530	30600	1836	1	15.00	1530	30600	1836
辽　宁	5	31.84	3597	38470	2203	2	10.84	1017	10170	574
吉　林	4	9.30	1072	16056	871	2	3.00	756	6780	378
黑龙江	3	19.66	6092	58721	3255	2	18.56	6035	58149	3149
上　海	9	54.18	7107	73895	7615	9	54.18	7107	73895	7615
江　苏	3	260.32	17516	124714	7153	3	260.32	17516	124714	7153
浙　江	3	39.54	6380	73573	4807	3	39.54	6380	73573	4807
安　徽	4	31.27	3190	37138	3262	3	16.82	2438	33381	2510
福　建	1	7.80	1162	23239	1162	1	7.80	1162	23239	1162
江　西	3	10.70	1215	14295	1567	3	10.70	1215	14295	1567
山　东	4	37.62	7400	111436	4503	2	8.62	2402	24016	1629
河　南	2	157.10	9247	92472	7330	2	157.10	9247	92472	7330
湖　北	2	10.00	900	17000	1875	1	5.00	400	2000	1000
湖　南	3	48.35	2825	53322	4907	3	48.35	2825	53322	4907
广　东	6	51.60	5095	116965	8150	1	7.90	1153	23068	1557
广　西	3	10.89	1720	18391	1898	3	10.89	1720	18391	1898
海　南										
重　庆	2	60.00	1160	23775	6700	2	60.00	1160	23775	6700
四　川	3	55.32	8320	66507	6166	3	55.32	8320	66507	6166
贵　州	3	9.48	1425	15000	1616	3	9.48	1425	15000	1616
云　南	1	5.50	814	8140	407	1	5.50	814	8140	407
西　藏	2	2.40	102	1760	49	2	2.40	102	1760	49
陕　西	4	15.18	2083	20335	2043	4	15.18	2083	20335	2043
甘　肃	1	2.00	520	5200	338	1	2.00	520	5200	338
青　海	2	1.70	113	970	91	2	1.70	113	970	91
宁　夏										
新　疆	6	23.48	1803	23762	1436	5	23.38	1793	23712	1435
兵　团										

各级读者对象报纸出版数量（续表）

	地、市级					县　级				
	种数（种）	平　均期印数（万份）	总印数（万份）	总印张（千印张）	总金额（万元）	种数（种）	平　均期印数（万份）	总印数（万份）	总印张（千印张）	总金额（万元）
全国总计	**16**	**120.65**	**13154**	**238272**	**13322**					
中　　央										
地　　方	**16**	**120.65**	**13154**	**238272**	**13322**					
北　　京										
天　　津										
河　　北										
山　　西										
内 蒙 古										
辽　　宁	3	21.00	2580	28300	1629					
吉　　林	2	6.30	316	9276	493					
黑 龙 江	1	1.10	57	572	106					
上　　海										
江　　苏										
浙　　江										
安　　徽	1	14.45	751	3757	751					
福　　建										
江　　西										
山　　东	2	29.00	4998	87420	2874					
河　　南										
湖　　北	1	5.00	500	15000	875					
湖　　南										
广　　东	5	43.70	3942	93897	6593					
广　　西										
海　　南										
重　　庆										
四　　川										
贵　　州										
云　　南										
西　　藏										
陕　　西										
甘　　肃										
青　　海										
宁　　夏										
新　　疆	1	0.10	10	50	1					
兵　　团										

各级文摘报纸出版数量

	合计					中央及省、自治区、直辖市级				
	种数（种）	平均期印数（万份）	总印数（万份）	总印张（千印张）	总金额（万元）	种数（种）	平均期印数（万份）	总印数（万份）	总印张（千印张）	总金额（万元）
全国总计	**23**	**359.99**	**47150**	**654326**	**43365**	**19**	**335.13**	**44682**	**586996**	**39663**
中央	**4**	**80.14**	**11273**	**127341**	**8398**	**4**	**80.14**	**11273**	**127341**	**8398**
地方	**19**	**279.85**	**35877**	**526985**	**34968**	**15**	**254.99**	**33409**	**459654**	**31266**
北京										
天津	1	5.60	622	12431	746	1	5.60	622	12431	746
河北										
山西										
内蒙古										
辽宁										
吉林	1	4.02	209	2090	313	1	4.02	209	2090	313
黑龙江	1	0.92	46	924	69					
上海	1	48.91	7336	36680	3668	1	48.91	7336	36680	3668
江苏	1	0.80	28	560	56	1	0.80	28	560	56
浙江										
安徽	2	75.08	11262	73468	6757	2	75.08	11262	73468	6757
福建	1	17.30	2595	51900	2595	1	17.30	2595	51900	2595
江西										
山东										
河南	1	5.70	570	11400	570	1	5.70	570	11400	570
湖北	2	15.00	1790	44750	3205	1	10.00	1040	26000	2080
湖南	2	58.00	6864	137280	10296	2	58.00	6864	137280	10296
广东	1	13.94	1422	42656	2133					
广西										
海南	1	5.00	250	5000	375					
重庆										
四川	1	25.20	2495	99792	3742	1	25.20	2495	99792	3742
贵州	1	0.58	29	1020	73	1	0.58	29	1020	73
云南	1	3.60	349	6984	349	1	3.60	349	6984	349
西藏										
陕西										
甘肃										
青海	1	0.20	10	50	20	1	0.20	10	50	20
宁夏										
新疆										
兵团										

各级文摘报纸出版数量（续表）

	地、市级					县级				
	种数（种）	平均期印数（万份）	总印数（万份）	总印张（千印张）	总金额（万元）	种数（种）	平均期印数（万份）	总印数（万份）	总印张（千印张）	总金额（万元）
全国总计	**4**	**24.86**	**2468**	**67330**	**3702**					
中央										
地方	**4**	**24.86**	**2468**	**67330**	**3702**					
北京										
天津										
河北										
山西										
内蒙古										
辽宁										
吉林										
黑龙江	1	0.92	46	924	69					
上海										
江苏										
浙江										
安徽										
福建										
江西										
山东										
河南										
湖北	1	5.00	750	18750	1125					
湖南										
广东	1	13.94	1422	42656	2133					
广西										
海南	1	5.00	250	5000	375					
重庆										
四川										
贵州										
云南										
西藏										
陕西										
甘肃										
青海										
宁夏										
新疆										
兵团										

主要刊期的报纸出版数量

	周七刊				周六刊				周五刊				周四刊			
	种数（种）	总印数（万份）	总印张（千印张）	总金额（万元）	种数（种）	总印数（万份）	总印张（千印张）	总金额（万元）	种数（种）	总印数（万份）	总印张（千印张）	总金额（万元）	种数（种）	总印数（万份）	总印张（千印张）	总金额（万元）
全国总计	**465**	**2449855**	**96478097**	**2468437**	**265**	**427021**	**11881184**	**445691**	**240**	**282237**	**6107243**	**263974**	**73**	**84286**	**1553822**	**108786**
中　　央	**19**	**503193**	**14143677**	**500059**	**14**	**92348**	**4150029**	**127808**	**38**	**81404**	**1533705**	**90391**	**16**	**36615**	**792024**	**55468**
地　　方	**446**	**1946662**	**82334420**	**1968377**	**251**	**334672**	**7731155**	**317883**	**202**	**200832**	**4573539**	**173582**	**57**	**47672**	**761798**	**53318**
北　　京	8	59692	3163898	62136	1	2200	22000	3300	4	5771	109483	4019				
天　　津	8	44636	1586679	42823									2	1003	18009	1608
河　　北	12	79741	1805523	71564	17	26202	546061	28765	8	8482	167055	7898	2	878	8775	439
山　　西	16	35569	805330	36364	11	26419	237241	24330	4	9487	86620	9247	3	1286	23098	2244
内 蒙 古	8	13744	355105	13256	10	7370	168406	6847	14	5640	96967	5255	4	379	2763	227
辽　　宁	12	64584	3061149	47131	11	6632	128422	4700	16	13712	388357	7877	3	1802	28175	1528
吉　　林	11	31244	1378667	24651	7	3588	46127	2926	3	3836	36986	4938	2	1001	6278	1696
黑 龙 江	14	37213	980775	24694	11	11238	196369	8831	8	3599	65903	3255	5	2042	15824	2136
上　　海	13	66026	3839316	81074					4	10536	380479	8292	1	663	6634	995
江　　苏	34	152210	6846607	154441	15	27902	445637	25335	7	15189	265207	12928	5	7990	123307	4847
浙　　江	37	221593	8721198	198605	7	10674	215719	7501	6	11115	347095	7136	2	5047	69082	5047
安　　徽	12	40516	1366591	42588	14	15561	324316	12109	6	5205	85909	4848	2	572	8812	344
福　　建	20	68524	2421697	74862	3	6581	228371	5442	2	2237	37823	2339				
江　　西	10	41844	1631678	36689	10	9194	175509	6972	6	5433	105160	5669	2	1133	9322	760
山　　东	31	207117	10611511	187286	14	22300	498103	17669	10	13177	385005	10204	2	3723	65936	3507
河　　南	4	45636	2022104	56137	23	56691	1941942	60269	17	19148	425714	19978				
湖　　北	10	79998	2590585	80269	18	19191	444378	23196	11	8372	148806	7825	2	1132	19236	1132
湖　　南	19	52285	1847911	35917	4	3671	64387	2460	6	5007	84808	3229	1	1664	33280	2496
广　　东	41	244941	14465125	353413	4	7627	402687	15253	10	16589	699940	18917	2	2995	68773	7405
广　　西	21	50128	1473859	43435	7	6604	122712	7716	1	978	11683	783	2	2445	34800	2445
海　　南	6	17631	592770	17051	1	1500	60000	3000	1	1303	26063	1955				
重　　庆	7	36275	1737043	34453	3	2728	62874	2065	2	995	7062	456				
四　　川	27	96285	4218210	106926	14	21925	284755	16314	11	13738	277370	10195	4	4414	77841	5790
贵　　州	9	18040	550103	17160	5	5692	128180	5157	7	4181	70758	2664	3	1434	50683	1938
云　　南	14	30219	837561	26990	9	5955	91236	5717	1	806	32256	806				
西　　藏	3	3961	122423	2489	1	568	46880	568	1	95	951	57				
陕　　西	8	35544	1239463	32370	8	9496	202283	9719	4	2407	28062	2253	2	3054	40544	3662
甘　　肃	17	37353	880828	31728	3	1699	48072	913	7	2588	21817	1687	1	667	13341	1001
青　　海	4	7956	290421	5556	2	369	4335	211					1	487	9734	389
宁　　夏	2	4162	119334	4346	3	2464	65012	2400	5	2763	58076	3582	1	268	4020	322
新　　疆	7	18494	700957	17775	15	12634	529140	8200	17	7413	111793	4235	2	1488	21450	1256
兵　　团	1	3500	70000	4200					3	1033	10328	1058	1	104	2080	104

全国少数民族文字报纸出版数量

	种数（种）	平均期印数（万份）	总印数（万份）	总印张（千印张）	总金额（万元）
全国总计	**105**	**121.54**	**22261**	**330924**	**16795**
中　　央	**4**	**5.00**	**1825**	**18250**	**730**
地　　方	**101**	**116.54**	**20436**	**312674**	**16065**
内蒙古	13	10.57	2368	33847	2432
辽　宁	3	1.01	124	1069	138
吉　林	8	5.32	714	12680	628
黑龙江	2	2.10	369	6880	279
广　西	1	0.30	15	150	11
四　川	3	1.86	285	2849	184
云　南	8	3.89	226	1878	10
西　藏	11	16.29	3015	54844	1807
青　海	7	4.20	192	1567	230
新　疆	42	69.91	13020	196061	10240
兵　团	3	1.08	110	849	106

全国少数民族文字报纸出版数量与去年相比增减百分比

	种数	平均期印数	总印数	总印张	总金额
全　国	1.94	6.87	13.53	18.28	19.58
中　央					
地　方	2.02	7.19	14.92	19.56	20.65

四、音像、电子出版物出版

按载体形式分类全国各地区录音制品出版品种、数量及发行数量

单位：种、万盒（张）

地区	录音制品					录音带（AT）			
	合计		其中：新版		发行数量	合计		其中：新版	
	种数	数量	种数	数量		种数	数量	种数	数量
全国总计	**8713**	**21358.42**	**3450**	**2045.93**	**18831.61**	**1526**	**11450.56**	**395**	**336.20**
中　　央	**3151**	**13601.67**	**1098**	**532.13**	**12304.74**	**747**	**7917.21**	**144**	**55.53**
地　　方	**5562**	**7756.75**	**2352**	**1513.80**	**6526.87**	**779**	**3533.35**	**251**	**280.66**
北　　京	168	40.55	164	38.75	15.16	18	1.82	18	1.82
天　　津	69	48.80	36	21.75	46.79	30	26.65		
河　　北	131	587.59	26	25.09	572.67	104	514.82	15	19.39
山　　西	168	331.30	168	331.30	331.30				
内 蒙 古	37	9.72	37	9.72	15.59				
辽　　宁	193	89.65	103	39.50	153.26				
吉　　林	125	172.83	75	27.82	489.58	52	93.05	34	21.38
黑 龙 江	5	0.12	5	0.12	1.32				
上　　海	2538	2989.82	495	428.96	2200.39	184	1163.74	18	97.65
江　　苏	189	1047.67	73	51.33	1047.49	68	918.86	27	21.20
浙　　江	141	299.01	73	23.37	284.54	34	95.25		
安　　徽	47	22.72	43	19.88	29.46	15	10.02	13	9.58
福　　建	32	9.60	32	9.60	26.47				
江　　西	168	69.93	66	27.15	57.53	33	6.90	33	6.90
山　　东	134	21.21	118	16.72	17.71	19	1.76	12	0.60
河　　南	2	0.90	2	0.90	0.90				
湖　　北	60	15.43	43	9.47	16.36	2	2.46	1	0.06
湖　　南	162	464.31	58	59.82	280.46	21	32.91	20	32.22
广　　东	709	1342.22	443	265.07	733.23	134	638.70	30	64.56
广　　西	132	56.03	77	34.26	51.05				
海　　南	27	4.29	27	4.29	4.29	14	1.29	14	1.29
重　　庆	56	19.78	7	0.87	21.81	16	1.25	3	0.32
四　　川	14	1.77	11	1.41	0.86				
贵　　州									
云　　南	77	37.49	56	36.76	16.76	10	0.55		
西　　藏	41	11.70	41	11.70	8.40	13	3.70	13	3.70
陕　　西	90	39.49	33	10.15	40.27	12	19.63		
甘　　肃	1	0.50	1	0.50	0.50				
青　　海	1	0.50	1	0.50					
宁　　夏	12	2.71	12	2.71	23.69				
新　　疆	33	19.11	26	4.31	39.05				
兵　　团									

按载体形式分类全国各地区录音制品出版品种、数量及发行数量（续表）

单位：种、万盒（张）

	激光唱盘（CD）				高密度激光唱盘（DVD－A）				其他载体			
	合计		其中：新版		合计		其中：新版		合计		其中：新版	
	种数	数量	种数	数量	种数	数量	种数	数量	种数	数量	种数	数量
全国总计	**5844**	**7755.36**	**2611**	**1465.84**	**178**	**80.03**	**149**	**54.93**	**1165**	**2072.46**	**295**	**188.97**
中　　央	**1612**	**4617.70**	**783**	**378.13**	**46**	**18.34**	**38**	**13.09**	**746**	**1048.41**	**133**	**85.38**
地　　方	**4232**	**3137.66**	**1828**	**1087.71**	**132**	**61.69**	**111**	**41.84**	**419**	**1024.05**	**162**	**103.59**
北　　京	126	29.43	126	29.43	23	8.60	19	6.80	1	0.70	1	0.70
天　　津	19	15.00	18	14.90	10	2.70	8	2.40	10	4.45	10	4.45
河　　北	27	72.78	11	5.70								
山　　西	168	331.30	168	331.30								
内 蒙 古	37	9.72	37	9.72								
辽　　宁	190	88.90	102	39.35	3	0.76	1	0.15				
吉　　林	73	79.78	41	6.44								
黑 龙 江	4	0.10	4	0.10	1	0.02	1	0.02				
上　　海	2025	1093.24	334	237.26	15	17.54	6	2.33	314	715.30	137	91.72
江　　苏	118	128.36	43	29.68	3	0.45	3	0.45				
浙　　江	55	188.16	21	7.77	52	15.60	52	15.60				
安　　徽	32	12.71	30	10.31								
福　　建	31	8.80	31	8.80	1	0.80	1	0.80				
江　　西	125	52.23	23	9.45	10	10.80	10	10.80				
山　　东	115	19.45	106	16.12								
河　　南	2	0.90	2	0.90								
湖　　北	56	12.58	41	9.32	2	0.39	1	0.09				
湖　　南	111	242.76	37	26.11					30	188.64	1	1.50
广　　东	539	596.30	408	198.85	4	2.03	1	0.40	32	105.18	4	1.27
广　　西	132	56.03	77	34.26								
海　　南	7	1.20	7	1.20	6	1.80	6	1.80				
重　　庆	31	15.18	4	0.55					9	3.35		
四　　川	14	1.77	11	1.41								
贵　　州												
云　　南	67	36.94	56	36.76								
西　　藏	26	7.80	26	7.80	2	0.20	2	0.20				
陕　　西	55	13.43	24	6.20					23	6.43	9	3.95
甘　　肃	1	0.50	1	0.50								
青　　海	1	0.50	1	0.50								
宁　　夏	12	2.71	12	2.71								
新　　疆	33	19.11	26	4.31								
兵　　团												

按内容分类全国录音制品出版品种、数量

单位：种、万盒（张）

	录音制品				录音带（AT）			
	合计		其中：新版		合计		其中：新版	
	种数	数量	种数	数量	种数	数量	种数	数量
全国合计	**8713**	**21358.42**	**3450**	**2045.93**	**1526**	**11450.56**	**395**	**336.20**
其中：少儿出版	653	430.82	230	162.83	7	3.15		
教育	4073	19024.81	1381	1360.39	1381	10908.08	354	313.72
语言	1433	1033.01	385	249.26	54	30.38	26	3.09
文学艺术	2325	508.80	1059	257.80				
科技	5	3.45	1	2.70				
经济								
体育								
军事								
文学	97	44.80	95	43.10				
综合	71	18.93	60	13.12				
其他	709	724.62	469	119.56	91	512.10	15	19.39

续表1

	激光唱盘（CD）				高密度激光唱盘（DVD－A）				其他载体			
	合计		其中：新版		合计		其中：新版		合计		其中：新版	
	种数	数量	种数	数量	种数	数量	种数	数量	种数	数量	种数	数量
全国合计	**5844**	**7755.36**	**2611**	**1465.84**	**178**	**80.03**	**149**	**54.93**	**1165**	**2072.46**	**295**	**188.97**
其中：少儿出版	576	399.34	210	154.49	17	5.63	14	4.00	53	22.70	6	4.34
教育	2305	6626.70	873	949.97	65	23.83	51	16.54	322	1466.20	103	80.17
语言	609	429.93	176	127.31	35	35.10	25	18.30	735	537.60	158	100.56
文学艺术	2246	447.86	1025	252.11	11	2.23	8	1.62	68	58.71	26	4.08
科技	3	3.05	1	2.70					2	0.40		
经济												
体育												
军事												
文学	44	27.70	42	26.00	52	15.60	52	15.60	1	1.50	1	1.50
综合	61	14.57	57	11.72					10	4.36	3	1.40
其他	576	205.56	437	96.04	15	3.27	13	2.87	27	3.68	4	1.27

按内容分类全国各地区录音制品出版品种、数量
（AT）

单位：种、万盒（张）

	AT 合计		教育		语言		文学艺术		科技	
	种数	数量	种数	数量	种数	数量	种数	数量	种数	数量
全国总计	**1526**	**11450. 56**	**1381**	**10908. 08**	**54**	**30. 38**				
中　　央	**747**	**7917. 21**	**725**	**7915. 03**	**22**	**2. 18**				
地　　方	**779**	**3533. 35**	**656**	**2993. 05**	**32**	**28. 20**				
北　　京	18	1. 82			18	1. 82				
天　　津	30	26. 65	30	26. 65						
河　　北	104	514. 82	13	2. 71						
山　　西										
内 蒙 古										
辽　　宁										
吉　　林	52	93. 05	52	93. 05						
黑 龙 江										
上　　海	184	1163. 74	182	1156. 99	2	6. 75				
江　　苏	68	918. 86	68	918. 86						
浙　　江	34	95. 25	34	95. 25						
安　　徽	15	10. 02	15	10. 02						
福　　建										
江　　西	33	6. 90	33	6. 90						
山　　东	19	1. 76	19	1. 76						
河　　南										
湖　　北	2	2. 46	2	2. 46						
湖　　南	21	32. 91	21	32. 91						
广　　东	134	638. 70	134	638. 70						
广　　西										
海　　南	14	1. 29	14	1. 29						
重　　庆	16	1. 25	16	1. 25						
四　　川										
贵　　州										
云　　南	10	0. 55	10	0. 55						
西　　藏	13	3. 70	13	3. 70						
陕　　西	12	19. 63			12	19. 63				
甘　　肃										
青　　海										
宁　　夏										
新　　疆										
兵　　团										

按内容分类全国各地区录音制品出版品种、数量（续表1）（AT）

单位：种、万盒（张）

	经济		体育		军事		文学		综合		其他	
	种数	数量	种数	数量	种数	数量	种数	数量	种数	数量	种数	数量
全国总计											**91**	**512.10**
中　　央												
地　　方											**91**	**512.10**
北　　京												
天　　津												
河　　北											91	512.10
山　　西												
内 蒙 古												
辽　　宁												
吉　　林												
黑 龙 江												
上　　海												
江　　苏												
浙　　江												
安　　徽												
福　　建												
江　　西												
山　　东												
河　　南												
湖　　北												
湖　　南												
广　　东												
广　　西												
海　　南												
重　　庆												
四　　川												
贵　　州												
云　　南												
西　　藏												
陕　　西												
甘　　肃												
青　　海												
宁　　夏												
新　　疆												
兵　　团												

按内容分类全国各地区录音制品出版品种、数量（续表2）
（CD）

单位：种、万盒（张）

	CD合计		教育		语言		文学艺术		科技	
	种数	数量	种数	数量	种数	数量	种数	数量	种数	数量
全国总计	**5844**	**7755.36**	**2305**	**6626.70**	**609**	**429.93**	**2246**	**447.86**	**3**	**3.05**
中　央	**1612**	**4617.70**	**1020**	**4404.09**	**130**	**108.80**	**400**	**81.90**	**2**	**2.95**
地　方	**4232**	**3137.66**	**1285**	**2222.61**	**479**	**321.13**	**1846**	**365.96**	**1**	**0.10**
北　京	126	29.43	18	11.45	4	1.15	95	12.20		
天　津	19	15.00	3	0.70			10	12.50		
河　北	27	72.78	8	0.34			1	0.02		
山　西	168	331.30	77	321.20	1	0.10	90	10.00		
内蒙古	37	9.72					37	9.72		
辽　宁	190	88.90	128	72.96	22	11.49	8	1.65		
吉　林	73	79.78	50	77.45			7	0.81		
黑龙江	4	0.10								
上　海	2025	1093.24	430	600.24	270	234.68	1294	242.68		
江　苏	118	128.36	110	127.61			4	0.50		
浙　江	55	188.16	43	185.19	2	2.10	10	0.87		
安　徽	32	12.71	11	9.20	12	0.60	4	0.26		
福　建	31	8.80					1	4.90		
江　西	125	52.23			120	51.58				
山　东	115	19.45	33	8.95			81	10.40		
河　南	2	0.90					1	0.50		
湖　北	56	12.58	40	9.08			2	0.35		
湖　南	111	242.76	61	209.43	10	8.00	32	23.72		
广　东	539	596.30	55	478.76			75	7.50		
广　西	132	56.03	131	54.01						
海　南	7	1.20					7	1.20		
重　庆	31	15.18	29	14.88			2	0.30		
四　川	14	1.77	4	0.37	1		7	1.20		
贵　州										
云　南	67	36.94	14	18.28			47	18.01		
西　藏	26	7.80	23	6.90			3	0.90		
陕　西	55	13.43	15	1.50	37	11.43	3	0.50		
甘　肃	1	0.50					1	0.50		
青　海	1	0.50								
宁　夏	12	2.71					12	2.71		
新　疆	33	19.11	2	14.11			12	2.05	1	0.10
兵　团										

按内容分类全国各地区录音制品出版品种、数量（续表3）（CD）

单位：种、万盒（张）

	经济		体育		军事		文学		综合		其他	
	种数	数量	种数	数量	种数	数量	种数	数量	种数	数量	种数	数量
全国总计							**44**	**27.70**	**61**	**14.57**	**576**	**205.56**
中　央							**7**	**3.40**	**3**	**1.80**	**50**	**14.78**
地　方							**37**	**24.30**	**58**	**12.77**	**526**	**190.78**
北　京											9	4.63
天　津											6	1.80
河　北									1	0.02	17	72.40
山　西												
内蒙古												
辽　宁							10	2.00	3	0.23	19	0.56
吉　林									13	1.37	3	0.15
黑龙江											4	0.10
上　海											31	15.63
江　苏									4	0.25		
浙　江												
安　徽									5	2.65		
福　建							9	1.40			21	2.50
江　西									5	0.65		
山　东											1	0.10
河　南											1	0.40
湖　北									1	0.05	13	3.10
湖　南							1	0.50	6	0.30	1	0.80
广　东							17	20.40	1	3.90	391	85.74
广　西											1	2.02
海　南												
重　庆												
四　川											2	0.20
贵　州												
云　南									1	0.50	5	0.15
西　藏												
陕　西												
甘　肃												
青　海											1	0.50
宁　夏												
新　疆									18	2.85		
兵　团												

按内容分类全国各地区录音制品出版品种、数量（续表4）（DVD－A）

单位：种、万盒（张）

	DVD－A合计		教育		语言		文学艺术		科技	
	种数	数量	种数	数量	种数	数量	种数	数量	种数	数量
全国总计	**178**	**80.03**	**65**	**23.83**	**35**	**35.10**	**11**	**2.23**		
中央	**46**	**18.34**	**41**	**17.34**			**2**	**0.71**		
地方	**132**	**61.69**	**24**	**6.49**	**35**	**35.10**	**9**	**1.53**		
北京	23	8.60			22	8.20				
天津	10	2.70	2	0.30						
河北										
山西										
内蒙古										
辽宁	3	0.76	2	0.56	1	0.20				
吉林										
黑龙江	1	0.02								
上海	15	17.54	1	1.00	7	15.40	6	1.14		
江苏	3	0.45					2	0.30		
浙江	52	15.60								
安徽										
福建	1	0.80			1	0.80				
江西	10	10.80	6	0.30	4	10.50				
山东										
河南										
湖北	2	0.39	1	0.30			1	0.09		
湖南										
广东	4	2.03	4	2.03						
广西										
海南	6	1.80	6	1.80						
重庆										
四川										
贵州										
云南										
西藏	2	0.20	2	0.20						
陕西										
甘肃										
青海										
宁夏										
新疆										
兵团										

按内容分类全国各地区录音制品出版品种、数量（续表5）
（DVD－A）

单位：种、万盒（张）

	经济		体育		军事		文学		综合		其他	
	种数	数量	种数	数量	种数	数量	种数	数量	种数	数量	种数	数量
全国总计							**52**	**15.60**			**15**	**3.27**
中　　央											**3**	**0.30**
地　　方							**52**	**15.60**			**12**	**2.97**
北　　京											1	0.40
天　　津											8	2.40
河　　北												
山　　西												
内 蒙 古												
辽　　宁												
吉　　林												
黑 龙 江											1	0.02
上　　海											1	0.00
江　　苏											1	0.15
浙　　江							52	15.60				
安　　徽												
福　　建												
江　　西												
山　　东												
河　　南												
湖　　北												
湖　　南												
广　　东												
广　　西												
海　　南												
重　　庆												
四　　川												
贵　　州												
云　　南												
西　　藏												
陕　　西												
甘　　肃												
青　　海												
宁　　夏												
新　　疆												
兵　　团												

按内容分类全国各地区录音制品出版品种、数量（续表6）
（其他载体）

单位：种、万盒（张）

	其他载体合计		教育		语言		文学艺术		科技	
	种数	数量	种数	数量	种数	数量	种数	数量	种数	数量
全国总计	**1165**	**2072.46**	**322**	**1466.20**	**735**	**537.60**	**68**	**58.71**	**2**	**0.40**
中　央	**746**	**1048.41**	**102**	**515.55**	**631**	**490.12**	**13**	**42.75**		
地　方	**419**	**1024.05**	**220**	**950.65**	**104**	**47.49**	**55**	**15.96**	**2**	**0.40**
北　京	1	0.70			1	0.70				
天　津	10	4.45	6	3.25			4	1.20		
河　北										
山　西										
内蒙古										
辽　宁										
吉　林										
黑龙江										
上　海	314	715.30	183	668.33	82	40.76	39	1.84		
江　苏										
浙　江										
安　徽										
福　建										
江　西										
山　东										
河　南										
湖　北										
湖　南	30	188.64	17	174.22			12	12.92		
广　东	32	105.18	5	101.50						
广　西										
海　南										
重　庆	9	3.35	9	3.35						
四　川										
贵　州										
云　南										
西　藏										
陕　西	23	6.43			21	6.02			2	0.40
甘　肃										
青　海										
宁　夏										
新　疆										
兵　团										

按内容分类全国各地区录音制品出版品种、数量（续表7）
（其他载体）

单位：种、万盒（张）

	经济		体育		军事		文学		综合		其他	
	种数	数量	种数	数量	种数	数量	种数	数量	种数	数量	种数	数量
全国总计							**1**	**1.50**	**10**	**4.36**	**27**	**3.68**
中　　央												
地　　方							**1**	**1.50**	**10**	**4.36**	**27**	**3.68**
北　　京												
天　　津												
河　　北												
山　　西												
内 蒙 古												
辽　　宁												
吉　　林												
黑 龙 江												
上　　海									10	4.36		
江　　苏												
浙　　江												
安　　徽												
福　　建												
江　　西												
山　　东												
河　　南												
湖　　北												
湖　　南							1	1.50				
广　　东											27	3.68
广　　西												
海　　南												
重　　庆												
四　　川												
贵　　州												
云　　南												
西　　藏												
陕　　西												
甘　　肃												
青　　海												
宁　　夏												
新　　疆												
兵　　团												

按载体形式分类全国各地区录像制品出版品种、数量及发行数量

单位：种、万盒（张）

	录像制品					录像带（VT）			
	合计		其中：新版		发行数量	合计		其中：新版	
	种数	数量	种数	数量		种数	数量	种数	数量
全国总计	**5671**	**6226.20**	**3715**	**3408.82**	**5339.30**				
中　央	**2625**	**3123.55**	**1578**	**1350.84**	**2283.79**				
地　方	**3046**	**3102.66**	**2137**	**2057.99**	**3055.51**				
北　京	65	21.16	61	18.37	2.41				
天　津	3	1.10	3	1.10	0.52				
河　北	17	8.70	4	0.60	5.99				
山　西	36	6.61	36	6.61	26.93				
内蒙古	27	2.20	27	2.20	6.19				
辽　宁	127	48.44	121	47.74	43.88				
吉　林	110	58.31	108	57.21	72.65				
黑龙江	3	0.14	3	0.14	0.14				
上　海	751	1931.65	252	1078.97	1887.59				
江　苏	92	151.72	64	124.09	147.88				
浙　江	95	40.10	75	25.72	38.84				
安　徽	43	19.20	36	17.85	22.17				
福　建	43	7.53	43	7.53	8.05				
江　西	80	43.87	54	15.85	45.17				
山　东	206	98.48	206	98.48	174.80				
河　南	51	21.52	49	15.29	10.10				
湖　北	83	23.88	78	22.93	21.82				
湖　南	223	111.19	79	68.80	168.89				
广　东	342	127.40	215	86.26	46.20				
广　西	26	13.71	24	9.03	3.60				
海　南	4	0.60	4	0.60	0.60				
重　庆	38	10.68	33	8.08	32.03				
四　川	73	54.52	70	52.26	55.58				
贵　州	1	0.50	1	0.50	0.50				
云　南	149	81.21	147	80.86	67.06				
西　藏	62	69.30	62	69.30	39.34				
陕　西	111	16.55	103	13.08	87.90				
甘　肃	37	7.75	37	7.75	8.15				
青　海	21	32.90	21	32.90	0.00				
宁　夏	6	0.60	6	0.60	0.90				
新　疆	121	91.14	115	87.29	29.64				
兵　团									

按载体形式分类全国各地区录像制品出版品种、数量及发行数量（续表）

单位：种、万盒（张）

	数码激光视盘（VCD）				高密度激光视盘（DVD－V）				其他载体			
	合计		其中：新版		合计		其中：新版		合计		其中：新版	
	种数	数量	种数	数量	种数	数量	种数	数量	种数	数量	种数	数量
全国总计	**792**	**1479.69**	**270**	**432.68**	**4725**	**4712.67**	**3299**	**2948.19**	**154**	**33.85**	**146**	**27.95**
中　　央	**357**	**1182.47**	**47**	**299.12**	**2150**	**1919.39**	**1416**	**1032.33**	**118**	**21.68**	**115**	**19.38**
地　　方	**435**	**297.22**	**223**	**133.56**	**2575**	**2793.27**	**1883**	**1915.86**	**36**	**12.17**	**31**	**8.57**
北　　京					65	21.16	61	18.37				
天　　津					3	1.10	3	1.10				
河　　北	10	7.40			7	1.30	4	0.60				
山　　西					32	6.22	32	6.22	4	0.39	4	0.39
内 蒙 古					27	2.20	27	2.20				
辽　　宁	11	3.68	11	3.68	111	44.41	105	43.71	5	0.35	5	0.35
吉　　林	5	0.50	5	0.50	105	57.81	103	56.71				
黑 龙 江					3	0.14	3	0.14				
上　　海	183	138.55	63	35.45	556	1785.38	180	1036.86	12	7.72	9	6.67
江　　苏	16	7.33	11	5.15	74	144.01	51	118.56	2	0.38	2	0.38
浙　　江	25	13.94	12	3.68	70	26.16	63	22.03				
安　　徽	3	3.61	3	3.61	38	15.36	31	14.01	2	0.23	2	0.23
福　　建					43	7.53	43	7.53				
江　　西	53	29.11	40	12.00	27	14.76	14	3.85				
山　　东					206	98.48	206	98.48				
河　　南					51	21.52	49	15.29				
湖　　北	18	5.00	16	4.80	65	18.88	62	18.13				
湖　　南	59	54.24	21	36.46	163	56.40	58	32.34	1	0.55		
广　　东	10	7.30	10	7.30	332	120.10	205	78.96				
广　　西	1	0.20	1	0.20	25	13.51	23	8.83				
海　　南					4	0.60	4	0.60				
重　　庆	4	2.20			34	8.48	33	8.08				
四　　川					65	52.17	63	51.91	8	2.35	7	0.35
贵　　州					1	0.50	1	0.50				
云　　南	16	5.20	16	5.20	131	75.81	129	75.46	2	0.20	2	0.20
西　　藏	2	0.60	2	0.60	60	68.70	60	68.70				
陕　　西	7	3.42			104	13.13	103	13.08				
甘　　肃					37	7.75	37	7.75				
青　　海					21	32.90	21	32.90				
宁　　夏					6	0.60	6	0.60				
新　　疆	12	14.93	12	14.93	109	76.21	103	72.36				
兵　　团												

按内容分类全国录像制品出版品种、数量

单位：种、万盒（张）

	录像制品				录像带（VT）			
	合计		其中：新版		合计		其中：新版	
	种数	数量	种数	数量	种数	数量	种数	数量
全国总计	**5671**	**6226.20**	**3715**	**3408.82**				
其中：少儿出版	608	2057.05	363	1438.26				
教育	2419	4825.89	1062	2267.51				
语言	39	24.87	9	2.24				
文学	34	23.43	25	14.71				
体育	78	44.56	54	30.80				
影视作品	1166	356.96	979	332.47				
音乐舞蹈	469	231.17	374	178.61				
社会科学	542	260.55	417	202.76				
医药卫生	148	41.95	126	39.27				
农业科学	122	48.32	121	45.72				
综合	239	76.04	224	71.24				
其他	415	292.47	324	223.48				

续表1

	数码激光视盘（VCD）				高密度激光视盘（DVD－V）				其他载体			
	合计		其中：新版		合计		其中：新版		合计		其中：新版	
	种数	数量	种数	数量	种数	数量	种数	数量	种数	数量	种数	数量
全国总计	**792**	**1479.69**	**270**	**432.68**	**4725**	**4712.67**	**3299**	**2948.19**	**154**	**33.85**	**146**	**27.95**
其中：少儿出版	164	340.41	94	312.75	443	1714.63	269	1125.51	1	2.01		
教育	666	1394.57	183	381.89	1721	3425.02	851	1882.18	32	6.30	28	3.45
语言	8	3.73			31	21.14	9	2.24				
文学	17	12.95	12	10.33	17	10.48	13	4.38				
体育	4	1.30			74	43.26	54	30.80				
影视作品	14	20.97	10	20.92	1050	318.49	867	294.06	102	17.49	102	17.49
音乐舞蹈	17	22.02	13	4.90	448	208.00	360	173.61	4	1.15	1	0.10
社会科学	10	2.97	10	2.97	528	256.27	403	198.49	4	1.30	4	1.30
医药卫生	12	3.88	11	3.68	134	32.66	113	30.19	2	5.41	2	5.41
农业科学	13	1.30	13	1.30	104	47.00	103	44.40	5	0.02	5	0.02
综合	12	1.70	11	1.10	226	72.34	213	70.14	1	2.00		
其他	19	14.29	7	5.58	392	278.00	313	217.72	4	0.18	4	0.18

按内容分类全国各地区录像制品出版品种、数量（VCD）

单位：种、万盒（张）

	VCD合计		教育		语言		文学		体育		影视作品	
	种数	数量	种数	数量	种数	数量	种数	数量	种数	数量	种数	数量
全国总计	**792**	**1479.69**	**666**	**1394.57**	**8**	**3.73**	**17**	**12.95**	**4**	**1.30**	**14**	**20.97**
中　央	**357**	**1182.47**	**329**	**1141.33**			**6**	**2.92**	**4**	**1.30**	**5**	**16.50**
地　方	**435**	**297.22**	**337**	**253.24**	**8**	**3.73**	**11**	**10.03**			**9**	**4.47**
北　京												
天　津												
河　北	10	7.40										
山　西												
内蒙古												
辽　宁	11	3.68										
吉　林	5	0.50	1	0.10								
黑龙江												
上　海	183	138.55	177	138.19	1	0.31					4	0.05
江　苏	16	7.33	13	7.03			3	0.30				
浙　江	25	13.94	16	11.17								
安　徽	3	3.61										
福　建												
江　西	53	29.11	33	27.11								
山　东												
河　南												
湖　北	18	5.00	18	5.00								
湖　南	59	54.24	58	53.64							1	0.60
广　东	10	7.30	3	6.00							1	0.10
广　西	1	0.20										
海　南												
重　庆	4	2.20	4	2.20								
四　川												
贵　州												
云　南	16	5.20	14	2.80								
西　藏	2	0.60										
陕　西	7	3.42			7	3.42						
甘　肃												
青　海												
宁　夏												
新　疆	12	14.93					8	9.73			3	3.72
兵　团												

按内容分类全国各地区录像制品出版品种、数量（续表1）
（VCD）

单位：种、万盒（张）

	音乐舞蹈		社会科学		医药卫生		农业科学		综合		其他	
	种数	数量	种数	数量	种数	数量	种数	数量	种数	数量	种数	数量
全国总计	**17**	**22.02**	**10**	**2.97**	**12**	**3.88**	**13**	**1.30**	**12**	**1.70**	**19**	**14.29**
中　央	**9**	**18.31**			**1**	**0.20**			**1**	**0.60**	**2**	**1.31**
地　方	**8**	**3.70**	**10**	**2.97**	**11**	**3.68**	**13**	**1.30**	**11**	**1.10**	**17**	**12.98**
北　京												
天　津												
河　北											10	7.40
山　西												
内蒙古												
辽　宁					11.00	3.68						
吉　林									4	0.40		
黑龙江												
上　海	1	0.00										
江　苏												
浙　江	1	0.40	8	2.37								
安　徽											3	3.61
福　建												
江　西							13.00	1.30	7	0.70		
山　东												
河　南												
湖　北												
湖　南												
广　东	3	0.70									3	0.50
广　西	1	0.20										
海　南												
重　庆												
四　川												
贵　州												
云　南	2	2.40										
西　藏			2	0.60								
陕　西												
甘　肃												
青　海												
宁　夏												
新　疆											1	1.47
兵　团												

按内容分类全国各地区录像制品出版品种、数量（续表2）
（DVD－V）

单位：种、万盒（张）

	DVD－V合计		教育		语言		文学		体育		影视作品	
	种数	数量	种数	数量	种数	数量	种数	数量	种数	数量	种数	数量
全国总计	**4725**	**4712.67**	**1721**	**3425.02**	**31**	**21.14**	**17**	**10.48**	**74**	**43.26**	**1050**	**318.49**
中　央	**2150**	**1919.39**	**818**	**1310.47**	**22**	**17.13**	**3**	**6.11**	**58**	**34.80**	**480**	**140.34**
地　方	**2575**	**2793.27**	**903**	**2114.55**	**9**	**4.01**	**14**	**4.38**	**16**	**8.46**	**570**	**178.15**
北　京	65	21.16	26	10.60			4	0.40	1	0.06	11	0.96
天　津	3	1.10										
河　北	7	1.30										
山　西	32	6.22	1	0.10							11	3.22
内蒙古	27	2.20									3	0.26
辽　宁	111	44.41	16	8.12			1	0.50	2	1.20	60	24.97
吉　林	105	57.81	73	21.56							6	2.50
黑龙江	3	0.14										
上　海	556	1785.38	304	1695.26	3	2.41	1		2	0.83	81	0.75
江　苏	74	144.01	43	131.36			2	0.30	1	0.50	10	4.55
浙　江	70	26.16	22	17.06							13	2.40
安　徽	38	15.36	7	5.01							2	0.15
福　建	43	7.53	2	0.62							1	0.20
江　西	27	14.76	17	12.91								
山　东	206	98.48	90	52.36			1	0.20	7	5.02	27	24.10
河　南	51	21.52	20	10.23					2	0.50	2	2.00
湖　北	65	18.88	43	13.64							4	1.50
湖　南	163	56.40	112	18.11							24	23.98
广　东	332	120.10	52	31.38					1	0.35	240	65.27
广　西	25	13.51	13	3.91							1	0.10
海　南	4	0.60									1	0.30
重　庆	34	8.48	5	1.46								
四　川	65	52.17	18	44.67	1	0.10					25	4.65
贵　州	1	0.50										
云　南	131	75.81	6	1.35							16	2.10
西　藏	60	68.70	3	0.70	1	0.30						
陕　西	104	13.13	12	3.40	4	1.20					8	0.45
甘　肃	37	7.75	3	0.15							2	0.20
青　海	21	32.90	1	0.20							1	0.50
宁　夏	6	0.60										
新　疆	109	76.21	14	30.40			5	2.98			21	13.04
兵　团												

按内容分类全国各地区录像制品出版品种、数量（续表3）
（DVD－V）

单位：种、万盒（张）

	音乐舞蹈		社会科学		医药卫生		农业科学		综合		其他	
	种数	数量	种数	数量	种数	数量	种数	数量	种数	数量	种数	数量
全国总计	**448**	**208.00**	**528**	**256.27**	**134**	**32.66**	**104**	**47.00**	**226**	**72.34**	**392**	**278.00**
中　　央	**101**	**46.41**	**325**	**202.49**	**79**	**25.15**	**63**	**16.66**	**66**	**11.58**	**135**	**108.25**
地　　方	**347**	**161.59**	**203**	**53.78**	**55**	**7.51**	**41**	**30.34**	**160**	**60.76**	**257**	**169.75**
北　　京	1	0.10	1	0.10	1.00	0.10					20	8.84
天　　津	1	0.20	1	0.60							1	0.30
河　　北									7	1.30		
山　　西	7	0.50	11	0.30							2	2.10
内 蒙 古	10	1.25									14	0.69
辽　　宁	2	0.06	3	0.30	8.00	0.71	2.00	0.80	14	6.75	3	1.00
吉　　林	2	0.60	1	0.40			1.00	15.10	22	17.65		
黑 龙 江	3	0.14										
上　　海	59	8.59	3	2.10	9.00	2.75			12	4.20	82	68.48
江　　苏	8	2.59	2	0.40					7	1.20	1	3.11
浙　　江	2	0.20	12	4.46	10.00	1.00	5.00	0.42	3	0.30	3	0.32
安　　徽	4	0.72	4	0.35					14	4.23	7	4.90
福　　建	1	0.20	36	4.85							3	1.66
江　　西			1	0.60			2.00	0.10	7	1.15		
山　　东	10	1.60	21	6.30					32	7.00	18	1.90
河　　南	7	0.75	2	4.90	2.00	0.20			6	1.30	10	1.65
湖　　北	2	0.06	7	2.13					9	1.55		
湖　　南	21	13.74			1.00	0.20					5	0.37
广　　东	19	6.70	5	2.33					2	1.10	13	12.96
广　　西	3	0.25					1.00	2.60	1	1.58	6	5.08
海　　南							2.00	0.10	1	0.20		
重　　庆	2	0.82	14	1.40							13	4.80
四　　川	6	1.65	4	0.60	1.00				7	0.40	3	0.10
贵　　州	1	0.50										
云　　南	70	47.55	8	1.40			2.00	0.20	11	9.10	18	14.11
西　　藏	12	47.40	41	13.70					1	0.30	2	6.30
陕　　西	65	6.82					1.00	0.05			14	1.21
甘　　肃	6	4.40	2	0.60	18.00	1.80	6.00	0.60				
青　　海	13	9.20			1.00	0.30			1	0.10	4	22.60
宁　　夏	1	0.10	5	0.50								
新　　疆	9	4.89	19	5.47	4.00	0.45	19.00	10.37	3	1.35	15	7.27
兵　　团												

按内容分类全国各地区录像制品出版品种、数量（续表4）（其他载体）

单位：种、万盒（张）

	其他载体合计		教育		语言		文学		体育		影视作品	
	种数	数量	种数	数量	种数	数量	种数	数量	种数	数量	种数	数量
全国总计	**154**	**33.85**	**32**	**6.30**							**102**	**17.49**
中　　央	**118**	**21.68**	**7**	**3.28**							**100**	**17.19**
地　　方	**36**	**12.17**	**25**	**3.02**							**2**	**0.30**
北　　京												
天　　津												
河　　北												
山　　西	4	0.39	4	0.39								
内 蒙 古												
辽　　宁	5	0.35	5	0.35								
吉　　林												
黑 龙 江												
上　　海	12	7.72	6	1.00								
江　　苏	2	0.38	1	0.18							1	0.20
浙　　江												
安　　徽	2	0.23	1	0.20								
福　　建												
江　　西												
山　　东												
河　　南												
湖　　北												
湖　　南	1	0.55	1	0.55								
广　　东												
广　　西												
海　　南												
重　　庆												
四　　川	8	2.35	7	0.35								
贵　　州												
云　　南	2	0.20									1	0.10
西　　藏												
陕　　西												
甘　　肃												
青　　海												
宁　　夏												
新　　疆												
兵　　团												

按内容分类全国各地区录像制品出版品种、数量（续表5）
（其他载体）

单位：种、万盒（张）

	音乐舞蹈		社会科学		医药卫生		农业科学		综合		其他	
	种数	数量	种数	数量	种数	数量	种数	数量	种数	数量	种数	数量
全国总计	**4**	**1.15**	**4**	**1.30**	**2**	**5.41**	**5**	**0.02**	**1**	**2.00**	**4**	**0.18**
中　央			**3**	**1.04**			**5**	**0.02**			**3**	**0.15**
地　方	**4**	**1.15**	**1**	**0.26**	**2**	**5.41**			**1**	**2.00**	**1**	**0.03**
北　京												
天　津												
河　北												
山　西												
内蒙古												
辽　宁												
吉　林												
黑龙江												
上　海	3	1.05	1	0.26	2.00	5.41						
江　苏												
浙　江												
安　徽											1	0.03
福　建												
江　西												
山　东												
河　南												
湖　北												
湖　南												
广　东												
广　西												
海　南												
重　庆												
四　川									1	2.00		
贵　州												
云　南	1	0.10										
西　藏												
陕　西												
甘　肃												
青　海												
宁　夏												
新　疆												
兵　团												

按载体形式分类全国各地区电子出版物出版品种、数量及发行数量

单位：种、万张

	电子出版物					只读光盘（CD－ROM）			
	合计		其中：新版		发行数量	合计		其中：新版	
	种数	数量	种数	数量		种数	数量	种数	数量
全国总计	**9836**	**29064.66**	**5168**	**5637.01**	**26730.05**	**5445**	**23047.15**	**2329**	**1845.06**
中　央	**5569**	**20893.28**	**2693**	**4687.59**	**19218.43**	**2828**	**15954.53**	**1037**	**1352.04**
地　方	**4267**	**8171.39**	**2475**	**949.42**	**7511.61**	**2617**	**7092.62**	**1292**	**493.02**
北　京	51	46.82	44	13.02	15.01	23	8.79	23	8.79
天　津	51	15.74	46	14.14	15.37	18	4.51	16	4.31
河　北	129	138.54	32	18.58	121.74	117	132.31	28	16.99
山　西	49	18.23	49	18.23	18.10	16	2.00	16	2.00
内蒙古	22	7.96	18	2.40	7.77	21	7.86	17	2.30
辽　宁	202	292.71	119	21.88	322.10	171	287.03	96	18.64
吉　林	93	31.70	93	31.70	43.99	61	27.55	61	27.55
黑龙江									
上　海	808	1545.73	245	245.49	1319.67	490	1253.38	121	114.09
江　苏	498	3066.24	77	65.97	3062.90	317	2924.13	40	32.44
浙　江	308	711.67	197	71.88	946.44	215	704.15	111	65.17
安　徽	15	3.11	15	3.11	3.99	5	1.61	5	1.61
福　建	52	22.53	44	19.87	22.53	31	11.53	27	11.13
江　西	69	37.61	65	36.81	6.55	1		1	
山　东	543	242.01	485	76.29	7045.36	204	151.80	157	18.97
河　南	149	203.68	131	21.56	8.61	79	4.44	79	4.44
湖　北	262	52.02	223	14.57	50.63	152	47.05	118	10.69
湖　南	117	203.72	50	54.55	200.71	73	153.91	13	5.02
广　东	304	1178.46	136	85.66	2052.10	245	1087.61	83	54.91
广　西	25	1.15	21	0.65	1.15	7	0.75	6	0.65
海　南	6	5.60	6	5.60	5.60				
重　庆	145	96.38	57	13.76	99.81	91	58.88	38	5.80
四　川	218	85.28	180	33.45	112.92	210	84.81	173	33.08
贵　州									
云　南	45	115.16	44	71.16	114.46	35	96.71	34	52.71
西　藏	13	5.30	13	5.30	4.88				
陕　西	92	43.96	84	3.70	64.12	35	41.82	29	1.72
甘　肃	1	0.10	1	0.10	0.40				
青　海									
宁　夏									
新　疆									
兵　团									

按载体形式分类全国各地区电子出版物出版品种、数量及发行数量（续表）

单位：种、万张

	高密度只读光盘（DVD－ROM）				交互式光盘（CD－I）				其他载体			
	合计		其中：新版		合计		其中：新版		合计		其中：新版	
	种数	数量	种数	数量	种数	数量	种数	数量	种数	数量	种数	数量
全国总计	**2912**	**4998.17**	**1751**	**3511.37**	**1**	**18.00**	**1**	**18.00**	**1478**	**1001.34**	**1087**	**262.58**
中　央	**1828**	**4097.13**	**1047**	**3158.41**					**913**	**841.62**	**609**	**177.14**
地　方	**1084**	**901.04**	**704**	**352.95**	**1**	**18.00**	**1**	**18.00**	**565**	**159.72**	**478**	**85.45**
北　京	12	35.18	5	1.38					16	2.85	16	2.85
天　津	22	7.93	19	6.53					11	3.30	11	3.30
河　北	12	6.24	4	1.59								
山　西	31	16.10	31	16.10					2	0.13	2	0.13
内蒙古	1	0.10	1	0.10								
辽　宁	28	5.53	20	3.08					3	0.15	3	0.15
吉　林	32	4.15	32	4.15								
黑龙江												
上　海	156	182.31	45	95.47					162	110.04	79	35.93
江　苏	180	132.11	36	23.53					1	10.00	1	10.00
浙　江	89	7.42	84	6.61					4	0.11	2	0.10
安　徽	10	1.50	10	1.50								
福　建	21	11.00	17	8.74								
江　西	67	37.41	63	36.61					1	0.20	1	0.20
山　东	154	76.95	143	44.07					185	13.25	185	13.25
河　南	67	198.96	49	16.84					3	0.28	3	0.28
湖　北	10	1.66	5	0.58					100	3.31	100	3.31
湖　南	42	46.48	35	46.21					2	3.32	2	3.32
广　东	47	89.70	41	29.60					12	1.15	12	1.15
广　西	3	0.40							15		15	
海　南	1	0.60	1	0.60					5	5.00	5	5.00
重　庆	50	36.70	15	7.15					4	0.81	4	0.81
四　川	2	0.20	1	0.10					6	0.27	6	0.27
贵　州												
云　南	9	0.45	9	0.45	1	18.00	1	18.00				
西　藏	1	0.10	1	0.10					12	5.20	12	5.20
陕　西	36	1.78	36	1.78					21	0.36	19	0.20
甘　肃	1	0.10	1	0.10								
青　海												
宁　夏												
新　疆												
兵　团												

五、出版物印刷

全国出版物印刷生产情况

指标名称	企业家数	印刷产量		装订产量	用纸量
		黑白	彩色		
计量单位	个	万令	万对开色令	万令	万令
全国总计	**8936**	**31517.57**	**150688.38**	**33668.54**	**64299.06**
北　京	780	2085.11	16292.82	3309.61	4232.13
天　津	118	2683.72	3574.11	199.70	3727.18
河　北	781	1797.78	3234.94	3369.12	2825.35
山　西	175	274.85	2065.22	325.16	634.97
内蒙古	99	123.64	510.47	114.39	286.96
辽　宁	166	1866.12	2574.91	1097.65	2506.14
吉　林	213	914.90	2751.06	475.06	1603.22
黑龙江	169	249.07	2108.87	309.34	778.58
上　海	216	522.90	12578.41	429.97	1674.91
江　苏	415	1317.87	6082.36	1529.17	3257.68
浙　江	749	1866.81	14111.84	2124.28	5528.52
安　徽	308	923.24	4402.86	1187.64	2124.14
福　建	311	595.15	1558.24	458.36	908.97
江　西	148	1017.45	1447.79	929.58	1093.33
山　东	522	3720.19	29706.17	4950.38	9384.85
河　南	434	961.69	3796.59	1207.53	2398.59
湖　北	361	1168.16	2667.86	1439.39	2042.01
湖　南	424	940.41	5049.11	1400.31	2819.29
广　东	900	3412.00	18492.55	4242.10	7242.24
广　西	183	1455.49	4973.35	1006.22	3104.14
海　南	26	68.29	506.35	53.40	139.24
重　庆	190	470.41	1276.83	441.37	748.65
四　川	236	1485.20	3754.19	1240.40	1788.31
贵　州	167	152.15	1348.92	145.27	333.45
云　南	168	335.66	1277.70	331.18	750.30
西　藏	27	42.48	84.74	36.48	88.23
陕　西	271	638.60	2832.03	702.75	1318.85
甘　肃	104	212.53	460.74	224.29	348.91
青　海	54	42.77	223.32	34.53	91.79
宁　夏	87	61.05	154.63	61.69	112.59
新　疆	127	106.20	682.87	282.33	387.41
兵　团	7	5.68	106.53	9.89	18.13

全国出版物印刷企业财务情况

地区	单位数（家）	资产年末合计（万元）	负债年末合计（万元）	所有者权益年末合计（万元）	主营业务收入（万元）	营业利润（万元）	利润总额（万元）	年末平均人数（人）
全国总计	**8936**	**24757431.02**	**12390173.11**	**12321220.58**	**15403439.26**	**1028861.28**	**1159573.96**	**478315**
北　京	780	2799261.21	1569812.13	1229449.08	1563001.16	79478.47	96692.91	34778
天　津	118	335334.98	191155.20	144179.78	178495.31	-8375.43	2705.50	6145
河　北	781	1387710.43	635256.91	752453.51	714451.63	116068.67	125542.47	33948
山　西	175	302058.85	132258.97	169799.87	165818.08	1032.98	1969.25	9748
内蒙古	99	100167.11	69262.98	30564.23	67182.56	-793.62	-555.89	3423
辽　宁	166	391778.00	226221.68	141956.24	203776.86	6409.86	8630.27	7797
吉　林	213	978161.09	352841.76	625319.33	219773.13	57112.29	59268.28	7924
黑龙江	169	195919.19	115471.46	80447.73	101932.67	-3063.57	-2434.10	5274
上　海	216	1724917.66	783797.13	941120.53	1094561.81	36437.14	51945.65	18579
江　苏	415	1378729.91	718448.12	660281.79	847858.56	33667.75	41686.85	25508
浙　江	749	1989312.12	1079695.94	901654.45	1386672.95	59792.04	66228.04	34377
安　徽	308	838658.24	408204.60	430453.64	549789.40	54067.42	57927.99	14555
福　建	311	644451.39	299252.35	345199.04	599908.96	39245.72	44603.04	18721
江　西	148	517523.39	263151.81	254371.59	337897.68	12698.67	13318.57	9575
山　东	522	2135664.80	913548.13	1222116.67	1718777.85	207229.69	210871.73	42474
河　南	434	848286.78	475036.52	373250.24	527847.31	26097.27	37581.59	23938
湖　北	361	714346.00	368115.25	346230.73	446302.36	11851.41	14185.30	18301
湖　南	424	1050447.68	457147.30	585829.11	843209.33	97437.00	102299.38	19388
广　东	900	2860151.77	1450659.50	1409492.25	1859900.49	98077.11	101745.19	66730
广　西	183	602025.90	291359.93	306983.97	325563.02	21732.85	24516.43	8960
海　南	26	50101.37	24579.61	25521.76	35900.33	1590.10	1992.82	1233
重　庆	190	634725.78	337856.27	296869.51	394052.59	31572.52	37091.59	14184
四　川	236	506190.00	316163.12	190026.88	245007.01	7640.67	8935.72	9290
贵　州	167	156468.82	84914.03	70680.89	82257.43	2166.62	2520.98	4124
云　南	168	429976.11	201890.84	228085.27	228135.93	17391.32	18068.20	7772
西　藏	27	44661.24	19175.48	25485.76	24340.50	686.50	1670.36	1082
陕　西	271	644233.09	333792.29	310440.80	372110.01	22458.99	22406.91	18013
甘　肃	104	177750.39	101442.29	76308.10	102453.91	4131.15	4653.03	4924
青　海	54	48160.53	31549.43	16611.10	29504.91	-467.29	-107.64	1649
宁　夏	87	66152.92	37403.18	26641.36	33400.11	778.99	1326.76	1686
新　疆	127	183998.85	94846.80	89152.05	91420.94	-5875.82	1363.24	3689
兵　团	7	20105.42	5862.10	14243.32	12134.47	583.81	923.54	526

六、出版物发行

全国新华书店系统、出版社自办发行单位出版物发行进、销、存情况

单位：万册（张、份、盒）、万元

	购进		销售		库存	
	数量	金额	数量	金额	数量	金额
全国总计	**2077831**	**28571116**	**2082656**	**27713353**	**657455**	**11430050**
中　央	**244150**	**6272887**	**247738**	**5810167**	**135928**	**4418011**
地　方	**1833681**	**22298229**	**1834919**	**21903186**	**521526**	**7012039**
北　京	14007	393276	13249	366419	8370	269185
天　津	12504	188928	12450	186892	4842	105557
河　北	97610	1205918	100225	1202341	56533	172283
山　西	45038	559457	45437	563797	16480	216963
内蒙古	16464	207865	16869	202601	3640	39420
辽　宁	23562	321643	23171	315589	9611	204746
吉　林	19400	316584	20024	316159	6199	123880
黑龙江	22455	308279	23267	308669	5323	89424
上　海	46540	1106486	44274	1025661	21175	632256
江　苏	200430	2084793	192089	1985503	67739	886063
浙　江	126382	1850357	132438	1893859	50052	871332
安　徽	114528	1351613	116438	1324892	18314	283248
福　建	38717	405126	38416	404868	7989	83567
江　西	88136	1087667	85762	1052983	9792	161099
山　东	138708	1450691	144885	1492716	56624	462755
河　南	153680	1273074	153229	1260126	15671	199268
湖　北	72666	897178	72657	840621	9981	267788
湖　南	147923	1978369	148751	1944037	41742	488833
广　东	71998	815594	71594	804718	30922	323809
广　西	58281	520764	58158	521022	6872	89954
海　南	13703	162943	13645	155368	1696	29723
重　庆	30426	424928	30640	422413	10722	189118
四　川	67027	924898	66489	896623	14522	291631
贵　州	34694	319498	34384	311968	3244	31948
云　南	41621	556162	41820	551674	6505	109420
西　藏	1843	24758	2571	24274	1500	7916
陕　西	63805	658299	60579	640448	21803	212536
甘　肃	34237	373231	33354	363382	4229	51287
青　海	2051	32996	2319	34201	1147	11497
宁　夏	4777	70115	4818	67686	576	15351
新　疆	30468	426736	30917	421677	7709	90180

注：1. 本表中购进、销售为总购进、总销售（按国家商品流通企业统计口径，包括新华书店系统内购销）。
2. 纯销售额：指向读者实际销售的出版物以及直接向国外出口的出版物。

全国新华书店系统、出版社自办发行单位出版物纯销售情况

单位：万元

	总计	零售			批给县以下单位或个人	出口
		合计	市、县	县以下		
全国总计	**8524928**	**8330971**	**7093495**	**1237476**	**175440**	**18517**
中　　央	**462313**	**427354**	**426821**	**533**	**20481**	**14478**
地　　方	**8062615**	**7903617**	**6666674**	**1236942**	**154959**	**4039**
北　　京	120159	119495	117918	1576		665
天　　津	46283	46245	46245			38
河　　北	369723	369291	271096	98195	432	
山　　西	265716	260707	208024	52683	5009	
内 蒙 古	20537	20456	20407	49	81	
辽　　宁	106739	106708	105396	1312		31
吉　　林	95957	93769	93505	264	2188	
黑 龙 江	224877	224877	222761	2116		
上　　海	250733	247775	247740	35	1060	1899
江　　苏	588775	571108	388751	182357	17645	22
浙　　江	748584	745169	714731	30438	3414	2
安　　徽	522390	522075	439107	82968		315
福　　建	179464	171122	138501	32621	7647	696
江　　西	383667	371480	356878	14602	12115	72
山　　东	596414	596414	490190	106224		
河　　南	464703	462252	237095	225157	2451	
湖　　北	96633	96073	85837	10236	511	48
湖　　南	760399	760068	632060	128008	330	
广　　东	231629	225201	205066	20135	6177	251
广　　西	176134	101480	73506	27973	74655	
海　　南	21247	21247	21247			
重　　庆	168071	168071	143111	24960		
四　　川	579441	579015	578811	205	426	
贵　　州	146544	144827	93752	51076	1717	
云　　南	250871	250871	186436	64435		
西　　藏	8315	8315	8204	111		
陕　　西	256657	237637	212119	25518	19020	
甘　　肃	155371	155371	102306	53065		
青　　海	7950	7950	7950			
宁　　夏	18787	18787	18787			
新　　疆	199843	199761	199136	625	83	

全国新华书店系统、出版社自办发行单位出版物销售分类情况

单位：万（册/张/份/盒）、万元、%

	2015 年		2016 年		增减		2015 年各类所占百分比		2016 年各类所占百分比	
	数量	金额	数量	金额	数量	金额	数量	金额	数量	金额
销售总计	**1994465**	**25637427**	**2082656**	**27713353**	**4**	**8**				
零售合计	**647501**	**7515938**	**680402**	**8330971**	**5**	**11**	**100.00**	**100.00**	**100.00**	**100.00**
图书	637124	7144584	670909	7955620	5	11	98.40	95.06	98.60	95.49
哲学、社会科学	25476	485048	29428	566324	16	17	3.93	6.45	4.33	6.80
文化、教育	516316	5182394	542609	5817403	5	12	79.74	68.95	79.75	69.83
其中：中小学课本及教参	251691	2175500	253832	2282040	1	5	38.87	28.95	37.31	27.39
教辅读物	184758	1991438	203622	2382655	10	20	28.53	26.50	29.93	28.60
文学、艺术	24561	448550	28132	552626	15	23	3.79	5.97	4.13	6.63
自然科学、技术	15243	347864	15077	361104	-1	4	2.35	4.63	2.22	4.33
综合	55528	680728	55663	658163		-3	8.58	9.06	8.18	7.90
少年儿童读物	19441	268748	19961	358755	3	33	3.00	3.58	2.93	4.31
大中专教材、业余教育及教参	12231	243867	12417	264763	2	9	1.89	3.24	1.82	3.18
期刊	2842	119955	2973	117629	5	-2	0.44	1.60	0.44	1.41
报纸	1165	12590	1051	10972	-10	-13	0.18	0.17	0.15	0.13
音像制品	4813	94416	3904	76279	-19	-19	0.74	1.26	0.57	0.92
电子出版物	1557	95176	1565	113906	1	20	0.24	1.27	0.23	1.37
数字出版物	—	49216	—	56565	—	15	—	0.65	—	0.68
非出版物商品	—	2426386	—	3194600	—	32	—	—	—	—

注：1. 非出版物商品销售额不含在销售总额中。

全国出版物发行网点数量和人数

单位：处、人

	发行网点							新华书店系统出版社自办发行从业人数	
	合计	新华书店及其发行网点	供销社	出版社	邮政系统	新华书店系统外批发网点	集个体零售	全部职工	其中：新华书店及发行网点
全国总计	**163102**	**8996**	**75**	**420**	**39358**	**8381**	**105872**	**139423**	**128623**
中　央	**78**	**3**		**75**				**1850**	**1025**
地　方	**163024**	**8993**	**75**	**345**	**39358**	**8381**	**105872**	**137573**	**127598**
北　京	8953	124		18	2347	1960	4504	5146	4634
天　津	2383	68		13		189	2113	1343	1237
河　北	7426	469		9	1965	203	4780	7289	6415
山　西	2975	397		7	302	143	2126	5993	5320
内蒙古	1171	96		7		56	1012	2138	2006
辽　宁	4999	136		33	1003	323	3504	4508	3725
吉　林	1472	100		14	275	167	916	4391	2510
黑龙江	2541	172	75	5	469	129	1691	2953	2903
上　海	3512	99		73	1367	335	1638	2530	1925
江　苏	15101	885		18	2070	327	11801	8514	8373
浙　江	11244	784		10	2201	269	7980	8527	8414
安　徽	7701	650		11	3457	317	3266	5268	5203
福　建	4029	110		18	1183	152	2566	3150	3078
江　西	3926	566		6	21	232	3101	3590	3495
山　东	8891	485		3	690	252	7461	7641	7625
河　南	11992	1092		12	6102	333	4453	14039	12614
湖　北	4413	95		14	480	515	3309	4506	4185
湖　南	9334	376		13	4687	210	4048	7996	6681
广　东	8154	265		2		644	7243	5082	5007
广　西	5726	250		6	1670	144	3656	3505	3445
海　南	751	27		5	426	45	248	1242	1203
重　庆	4436	267		3	607	109	3450	2978	2978
四　川	9693	230			3200	263	6000	8830	8830
贵　州	3552	195		3	835	142	2377	1513	1483
云　南	7414	238		8	1831	132	5205	3751	3735
西　藏	178	93		2	12		71	433	420
陕　西	4353	204		24	1577	268	2280	4811	4500
甘　肃	2214	270		1	82	181	1680	2375	2317
青　海	555	58			189	30	278	593	593
宁　夏	952	31		3	200	53	665	388	365
新　疆	2983	161		4	110	258	2450	2550	2379

七、出版物进出口

全国图书、期刊、报纸进出口情况

		出口		进口	
		数量（万册、份）	金额（万美元）	数量（万册、份）	金额（万美元）
总计		**1765.52**	**5886.67**	**3108.18**	**30051.73**
图书	合计	1450.28	5407.37	1551.63	14421.60
	哲学、社会科学	146.00	1826.43	61.70	1828.11
	文化、教育	158.03	763.35	296.78	3035.78
	文学、艺术	189.19	960.36	170.95	1745.86
	自然、科学技术	49.36	296.58	56.30	2336.71
	少儿读物	729.87	653.26	510.40	1671.76
	综合性图书	177.83	907.39	455.50	3803.38
期刊		265.69	443.78	338.37	14137.21
报纸		49.55	35.52	1218.18	1492.92

注：以上数据为全国有出版物进口经营许可证的出版物进出口经营单位数据。

全国音像、电子出版物进出口情况

		出口		进口	
		数量（盒、张）	金额（万美元）	数量（盒、张）	金额（万美元）
总计		**13270.00**	**156.43**	**108096.00**	**25859.38**
录音	合计	11975.00	34.67	98261.00	95.92
	录音带（AT）				
	激光唱片（CD）			98261.00	95.92
	数码激光唱盘（DVD－A）	11975.00	34.67		
录像	合计	1295.00	1.11	9835.00	17.32
	录像带（VT）				
	数码激光视盘（DVD－V）	1295.00	1.11	9835.00	17.32
	数码激光视盘（VCD）				
电子出版物					
数字出版物			120.65		25746.14

注：以上数据为全国有出版物进口经营许可证的出版物进出口经营单位数据。

八、版权管理及贸易

全国版权合同登记情况统计

单位：份

	合　计	图　书	期　刊	音像制品	电子出版物	软　件	电　影	电视节目	其　他
合　　计	**19744**	**16755**	**99**	**1790**	**238**	**686**	**1**	**2**	**173**
中国版权保护中心	**1674**			1604		70			
北　京	**10281**	9994	96		188	3			
天　津	**462**	420			13	29			
河　北	**88**	85				3			
山　西	**45**	45							
内蒙古									
辽　宁	**262**	262							
吉　林	**141**	141							
黑龙江	**119**	119							
上　海	**1025**	861		129	35				
江　苏	**375**					375			
浙　江	**663**	480	2	57		124			
安　徽	**101**	98				3			
福　建	**77**	76				1			
江　西	**414**	414							
山　东	**313**	313							
河　南	**437**	437							
湖　北	**567**	480				77			10
湖　南	**220**	218	1				1		
广　东	**423**	255			2	1		2	163
广　西	**510**	510							
海　南	**204**	204							
重　庆	**301**	301							
四　川	**495**	495							
贵　州	**18**	18							
云　南	**150**	150							
西　藏									
陕　西	**292**	292							
甘　肃	**5**	5							
青　海									
宁　夏	**30**	30							
新　疆	**52**	52							

全国作品自愿登记情况统计

单位：份

	合计	文字	口述	音乐	曲艺	舞蹈	杂技	美术	摄影	建筑	影视	设计图	地图	模型	其他
合　计	**1895053**	**631997**	**66**	**18496**	**310**	**147**	**43**	**440099**	**729473**	**604**	**26530**	**10160**	**669**	**312**	**36147**
中国版权保护中心	**438086**	36685	1	1223	2	8	1	115227	269309	3	6068	858	432	5	8264
北　京	**693421**	306643		12801		2		20584	335933		49	338	3	30	17038
天　津	**460**	140		20	2			269			3	4	16		6
河　北	**379**	131		16	1			215	1		6				9
山　西	**356**	55		221				52	2		21	3		2	
内蒙古	**216**	33		12				157	2		3		1		8
辽　宁	**8244**	2325		32				1866	416			18		2	3585
吉　林	**1423**	185	1	63				757	4		285	59			69
黑龙江	**657**	246		78				328			4	1			
上　海	**216520**	189315		324				14234	8277		3581	37	15	4	733
江　苏	**180153**	25177	25	341	1	18	3	82069	65517	5	6470	394	122	8	3
浙　江	**17787**	705		46	2			15635	975		45	1			378
安　徽	**3848**	3061		35	2			650	8			56			36
福　建	**47704**	709		258	3			46077	240	74	178	129	2	18	16
江　西	**6125**	1367		131				2311	66		2175	20	6	12	37
山　东	**70978**	9866	12	99	23	4	4	37903	12776	5	2910	5537	13	102	1724
河　南	**849**	213	7	6	23	1	2	433			83	1			80
湖　北	**16261**	1727	2	92	4			8855	4120		1373	64			24
湖　南	**4341**	1428		34			2	2031	1	443	2	13	3		384
广　东	**35073**	8422		471	17	5		20061	2015	2	465	634	22	4	2955
广　西	**249**	82		42	6			43	12		7	52			5
海　南	**142**	100		17				17			7	1			
重　庆	**71836**	20799	2	256	2	3		43191	4901	2	1690	219	10	41	720
四　川	**75162**	21009	15	1641	214	97	31	24827	24767	69	723	1674		80	15
贵　州	**271**	11				9		219	6			22			4
云　南	**174**	88		42				44							
西　藏	**0**														
陕　西	**2924**	1093	1	15	7			1366	108	1	267	20			46
甘　肃	**215**	121		16				35	17		18	5		3	
青　海	**70**	10						57					1		2
宁　夏	**219**	91		23	1			84			13		1		6
新　疆	**910**	160		141				502			84		22	1	

引进版权汇总表

	合　计	图　书	录音制品	录像制品	电子出版物	软　件	电　影	电视节目	其　他
引进版权总数（项）	**17252**	**16587**	**119**	**251**	**217**	**8**	**4**	**66**	
原版权所在国家或地区名称									
美国	5461	5201	41	174	17	2	1	25	
英国	2966	2873	10	15	38	1	1	28	
德国	895	888	2	1	3	1			
法国	1100	1069	7	12	11			1	
俄罗斯	104	101		3					
加拿大	152	142	1	6	3				
新加坡	262	260		1				1	
日本	1952	1911	8	6	25			2	
韩国	1067	1024		12	27	3		1	
中国香港地区	248	208	26	1	12	1			
中国澳门地区	1	1							
中国台湾地区	979	949	15		15				
其他国家和地区	2065	1960	9	20	66		2	8	

输出版权汇总表

	合　计	图　书	录音制品	录像制品	电子出版物	软　件	电　影	电视节目	其　他
输出版权总数（项）	**11133**	**8328**	**201**	**18**	**1264**		**16**	**1249**	**57**
版权购买者所在国家或地区名称									
美国	1483	932			446		2	103	
英国	353	290			5			54	4
德国	346	262			30			54	
法国	164	110						54	
俄罗斯	360	356	4						
加拿大	143	87						56	
新加坡	403	184			118		2	96	3
日本	356	353					2	1	
韩国	719	576	46		93		2	2	
中国香港地区	710	486	99		5		2	110	8
中国澳门地区	179	56		12			2	108	1
中国台湾地区	2110	1848	19		148		2	61	32
其他国家和地区	3807	2788	33	6	419		2	550	9

版权执法

案件查处情况				收缴盗版品情况			
项　目	上年度数量	本年度数量	同比增减（%）	项　目	上年度数量	本年度数量	同比增减（%）
行政处罚数量（件）	3477	3065	-11.85	合计	11420929	12919747	13.12
案件移送数量（件）	160	189	18.13	书刊	5396752	10042515	86.08
检查经营单位数量（个）	846140	878013	3.77	软件	368499	378021	2.58
取缔违法经营单位数量（个）	9340	6243	-33.16	音像制品	3734808	1953899	-47.68
查获地下窝点数量（个）	392	325	-17.09	电子出版物	177506	162048	-8.71
其中：地下光盘生产线（条）		1		其他	1743364	383264	-78.02
违法经营网站服务器（个）	475	709	49.26				
罚款金额（人民币元）	9746538	13406043	37.55				

九、出版机构、人员及单位名录

各地区图书、音像、出版物印刷、物资机构数及职工人数

单位：处、人

	图书出版单位		出版物印刷单位	印刷物资公司		音像出版单位	
	机构数	职工人数	机构数	机构数	职工人数	机构数	职工人数
全国总计	**584**	**66820**	**8936**	**17**	**762**	**372**	**4153**
中　央	**219**	**29428**				**141**	**917**
地　方	**365**	**37392**		**17**	**762**	**229**	**4153**
北　京	19	943	780			13	100
天　津	12	959	118	1	28	7	70
河　北	8	874	781			5	43
山　西	8	673	175	2	115	3	98
内蒙古	7	561	99			1	28
辽　宁	18	1546	166			19	95
吉　林	15	1881	213			9	42
黑龙江	13	859	169	1		5	20
上　海	40	3548	216	1		25	382
江　苏	18	3093	415	1		7	138
浙　江	14	1305	749	1		7	72
安　徽	11	1089	308			7	185
福　建	11	755	311	1	27	5	236
江　西	7	1122	148	1	54	5	128
山　东	17	1697	522	1	257	14	107
河　南	12	1425	434	1		5	345
湖　北	14	2040	361	1	96	6	103
湖　南	13	1363	424	1	157	12	123
广　东	19	1492	900	1		22	271
广　西	8	1106	183			5	55
海　南	4	367	26			2	
重　庆	3	1835	190			6	35
四　川	16	1513	236	1		10	226
贵　州	6	329	167	2	28	1	2
云　南	8	765	168			9	57
西　藏	2	107	27			2	20
陕　西	17	1725	271			11	39
甘　肃	9	323	104			3	60
青　海	2	160	54			2	12
宁　夏	3	1013	87			1	8
新　疆	10	911	127			2	136
兵　团	1	13	7				

注：全国图书出版社 584 家，其中含副牌社 33 家。

全国图书出版单位名录

中央出版单位

单位名称	单位名称	单位名称
人民出版社	光明日报出版社	人民邮电出版社
东方出版社（副牌）	国际文化出版公司	社会科学文献出版社
生活·读书·新知三联书店	国家行政学院出版社	石油工业出版社
人民文学出版社	海洋出版社	时事出版社
天天出版社	航空工业出版社	世界知识出版社
商务印书馆	红旗出版社	台海出版社
中华书局	华龄出版社	团结出版社
人民美术出版社	华文出版社	外文出版社
人民音乐出版社	华夏出版社	华语教学出版社
华乐出版社（副牌）	化学工业出版社	海豚出版社
中国大百科全书出版社	机械工业出版社	万国学术出版社
知识出版社（副牌）	教育科学出版社	世界图书出版公司
中译出版社	金城出版社	文化艺术出版社
文化发展出版社	经济管理出版社	文物出版社
现代出版社	经济科学出版社	五洲传播出版社
荣宝斋出版社	经济日报出版社	西苑出版社
连环画出版社（副牌）	九州出版社	线装书局
中国书籍出版社	开明出版社	新华出版社
中国盲文出版社	科学出版社	新世界出版社
求真出版社（副牌）	龙门书局（副牌）	新星出版社
中国 ISBN 中心	科学技术文献出版社	学习出版社
商务印书馆国际有限公司	科学普及出版社	学苑出版社
国家图书馆出版社	中国科学技术出版社（副牌）	冶金工业出版社
兵器工业出版社	煤炭工业出版社	中国宇航出版社
朝华出版社	民主与建设出版社	语文出版社
书法出版社	民族出版社	原子能出版社
当代世界出版社	企业管理出版社	中共党史出版社
当代中国出版社	气象出版社	中共中央党校出版社
党建读物出版社	群言出版社	中国质检出版社
地震出版社	群众出版社	中国财政经济出版社
地质出版社	人民法院出版社	中国藏学出版社
电子工业出版社	人民交通出版社	中国城市出版社
法律出版社	人民教育出版社	中国大地出版社
方志出版社	人民日报出版社	中国地图出版社
高等教育出版社	人民体育出版社	测绘出版社（副牌）
中国工商出版社	人民卫生出版社	中国电力出版社

全国图书出版单位名录（续表1）

中央出版单位

单位名称	单位名称	单位名称
中国电影出版社	中国摄影出版社	北京大学医学出版社
中国商务出版社	中国社会出版社	对外经济贸易大学出版社
中国发展出版社	中国社会科学出版社	清华大学出版社
中国法制出版社	中国时代经济出版社	外语教学与研究出版社
中国方正出版社	中国石化出版社	中国农业大学出版社
中国纺织出版社	中国水利水电出版社	中国人民大学出版社
中国妇女出版社	中国税务出版社	中国人民公安大学出版社
中国工人出版社	中国铁道出版社	中国政法大学出版社
中国广播影视出版社	中国统计出版社	中央广播电视大学出版社
中国国际广播出版社	中国文联出版社	中央民族大学出版社
中国和平出版社	中国文史出版社	解放军出版社
中国华侨出版社	中国市场出版社	长虹出版公司（副牌）
中国画报出版社	中国物资出版社	解放军文艺出版社
中国环境出版社	中国戏剧出版社	昆仑出版社（副牌）
中国计划出版社	中国协和医科大学出版社	金盾出版社
中国质检出版社	中国言实出版社	军事科学出版社
中国检察出版社	中国医药科技出版社	军事医学出版社
中国建材工业出版社	中国友谊出版公司	军事谊文出版社
中国建筑工业出版社	中国致公出版社	蓝天出版社
中国金融出版社	中国中医药出版社	人民军医出版社
中国经济出版社	中华工商联合出版社	星球地图出版社
中国劳动社会保障出版社	中信出版社	长城出版社
中国林业出版社	中央编译出版社	长征出版社
中国旅游出版社	中央文献出版社	国防大学出版社
中国民航出版社	中医古籍出版社	国防工业出版社
中国民主法制出版社	知识产权出版社	新时代出版社（副牌）
中国民族摄影艺术出版社	故宫出版社	海潮出版社
中国农业出版社	宗教文化出版社	中国航海图书出版社（副牌）
农村读物出版社（副牌）	作家出版社	华艺出版社
中国农业科学技术出版社	北京大学出版社	研究出版社
中国青年出版社	中国传媒大学出版社	中国海关出版社
中国轻工业出版社	北京航空航天大学出版社	北京交通大学出版社
中国人口出版社	北京理工大学出版社	人民武警出版社
中国人事出版社	北京师范大学出版社	中国长安出版社
中国三峡出版社	北京体育大学出版社	中央音乐学院出版社
中国商业出版社	北京邮电大学出版社	现代教育出版社
中国少年儿童出版社	北京语言大学出版社	生活书店出版公司

全国图书出版单位名录（续表2）

地方出版单位

单位名称	单位名称	单位名称
北京	**河北**	辽宁美术出版社
北京出版社	河北人民出版社	辽宁民族出版社
北京人民出版社（副牌）	河北教育出版社	辽宁少年儿童出版社
北京教育出版社（副牌）	河北科学技术出版社	大连出版社
北京美术摄影出版社（副牌）	河北美术出版社	沈阳出版社
北京少年儿童出版社（副牌）	河北少年儿童出版社	大连海事大学出版社
北京十月文艺出版社（副牌）	花山文艺出版社	大连理工大学出版社
文津出版社（副牌）	河北大学出版社	东北财经大学出版社
北京日报出版社	燕山大学出版社	东北大学出版社
北京科学技术出版社	**山西**	辽宁大学出版社
北京工艺美术出版社	山西人民出版社	辽宁师范大学出版社
北京燕山出版社	书海出版社（副牌）	白山出版社
北京联合出版公司	北岳文艺出版社	**吉林**
中国书店	三晋出版社	吉林出版集团
北京工业大学出版社	山西教育出版社	吉林人民出版社
首都经济贸易大学出版社	山西经济出版社	北方妇女儿童出版社
首都师范大学出版社	山西科学技术出版社	吉林教育出版社
旅游教育出版社	希望出版社	吉林科学技术出版社
北京时代华文书局	**内蒙古**	吉林美术出版社
北京华语联合出版公司	内蒙古人民出版社	吉林摄影出版社
天津	内蒙古科学技术出版社	吉林文史出版社
天津人民出版社	内蒙古少年儿童出版社	时代文艺出版社
百花文艺出版社	内蒙古文化出版社	长春出版社
天津古籍出版社	远方出版社	延边人民出版社
天津教育出版社	内蒙古大学出版社	延边教育出版社
新蕾出版社	内蒙古教育出版社	东北师范大学出版社
天津科学技术出版社	**辽宁**	吉林大学出版社
天津人民美术出版社	辽宁人民出版社	延边大学出版社
天津社会科学院出版社	春风文艺出版社（副牌）	**黑龙江**
天津杨柳青画社	辽海出版社	黑龙江人民出版社
天津科技翻译出版公司	万卷出版公司	北方文艺出版社
南开大学出版社	辽宁教育出版社	黑龙江朝鲜民族出版社
天津大学出版社	辽宁科学技术出版社	黑龙江教育出版社

全国图书出版单位名录（续表3）

地方出版单位

单位名称
黑龙江美术出版社
黑龙江少年儿童出版社
哈尔滨出版社
哈尔滨地图出版社
黑龙江科学技术出版社
东北林业大学出版社
黑龙江大学出版社
哈尔滨工程大学出版社
哈尔滨工业大学出版社
上海
上海人民出版社
上海中西书局
格致出版社
上海人民美术出版社
上海三联书店
上海辞书出版社
上海古籍出版社
上海锦绣文章出版社
上海教育出版社
上海科技教育出版社
上海科学技术出版社
上海书店
上海书画出版社
上海文艺出版社
上海文化出版社
上海音乐出版社
上海译文出版社
上海远东出版社
少年儿童出版社
学林出版社
上海科学技术文献出版社
上海科学普及出版社
立信会计出版社
上海财经大学出版社
上海社会科学院出版社
文汇出版社
复旦大学出版社
华东理工大学出版社
华东师范大学出版社
上海交通大学出版社
上海外语教育出版社
同济大学出版社
上海大学出版社
上海浦江教育出版社
东华大学出版社
第二军医大学出版社
上海音乐学院出版社
中国福利会出版社
东方出版中心
中华地图学社
江苏
江苏人民出版社
凤凰出版社
江苏教育出版社
江苏科学技术出版社
江苏美术出版社
江苏少年儿童出版社
江苏文艺出版社
译林出版社
南京出版社
古吴轩出版社
东南大学出版社
河海大学出版社
江苏大学出版社
南京大学出版社
南京师范大学出版社
苏州大学出版社
中国矿业大学出版社
广陵书社
浙江
浙江人民出版社
杭州出版社
宁波出版社
浙江古籍出版社
浙江教育出版社
浙江科学技术出版社
浙江人民美术出版社
浙江少年儿童出版社
浙江摄影出版社
浙江文艺出版社
西泠印社出版社
浙江大学出版社
中国美术学院出版社
浙江工商大学出版社
安徽
安徽人民出版社
安徽教育出版社
安徽科学技术出版社
安徽美术出版社
安徽少年儿童出版社
安徽文艺出版社
黄山书社
安徽大学出版社
中国科学技术大学出版社
合肥工业大学出版社
安徽师范大学出版社
福建
福建人民出版社
鹭江出版社（副牌）

全国图书出版单位名录（续表4）

地方出版单位

单位名称	单位名称	单位名称
福建科学技术出版社	中国石油大学出版社	湖南教育出版社
福建美术出版社	黄河出版社	湖南科学技术出版社
福建少年儿童出版社	**河南**	湖南美术出版社
海峡书局出版社	河南人民出版社	湖南少年儿童出版社
海峡文艺出版社	文心出版社（副牌）	湖南文艺出版社
福建教育出版社	大象出版社	岳麓书社
福建地图出版社	海燕出版社	湖南大学出版社
厦门大学出版社	河南科学技术出版社	湖南师范大学出版社
海风出版社	河南美术出版社	中南大学出版社
江西	河南文艺出版社	国防科技大学出版社
江西人民出版社	中原农民出版社	湘潭大学出版社
百花洲文艺出版社	中州古籍出版社	**广东**
二十一世纪出版社	河南大学出版社	广东人民出版社
江西教育出版社	郑州大学出版社	广东教育出版社
江西科学技术出版社	黄河水利出版社	广东经济出版社
江西美术出版社	**湖北**	广东科技出版社
江西高校出版社	湖北人民出版社	花城出版社
山东	崇文书局	岭南美术出版社
山东人民出版社	长江文艺出版社	广东新世纪出版社
齐鲁书社	湖北教育出版社	广东高等教育出版社
明天出版社	湖北科学技术出版社	广东旅游出版社
山东画报出版社	湖北美术出版社	广东地图出版社
山东教育出版社	长江少年儿童出版社	广州出版社
山东科学技术出版社	武汉出版社	海天出版社
山东美术出版社	中国地质大学出版社	汕头大学出版社
山东文艺出版社	华中科技大学出版社	中山大学出版社
山东友谊出版社	华中师范大学出版社	华南理工大学出版社
泰山出版社	武汉大学出版社	暨南大学出版社
济南出版社	武汉理工大学出版社	羊城晚报出版社
青岛出版社	长江出版社	南方日报出版社
山东地图出版社	**湖南**	深圳报业集团出版社
中国海洋大学出版社	湖南人民出版社	**广西**
山东大学出版社	湖南地图出版社	广西人民出版社

全国图书出版单位名录（续表5）

地方出版单位

单位名称	单位名称	单位名称
漓江出版社	**贵州**	西北大学出版社
广西教育出版社	贵州人民出版社	西北工业大学出版社
广西科学技术出版社	贵州教育出版社	第四军医大学出版社
广西美术出版社	贵州科学技术出版社	西北农林科技大学出版社
接力出版社	贵州民族出版社	**甘肃**
广西民族出版社	贵州大学出版社	甘肃人民出版社
广西师范大学出版社	孔学堂书局	甘肃少年儿童出版社（副牌）
海南	**云南**	甘肃教育出版社（副牌）
海南出版社	云南人民出版社	甘肃科学技术出版社（副牌）
三环出版社（副牌）	晨光出版社	甘肃民族出版社（副牌）
南方出版社	云南教育出版社	甘肃人民美术出版社（副牌）
南海出版公司	云南科学技术出版社	敦煌文艺出版社（副牌）
重庆	云南美术出版社	甘肃文化出版社
重庆出版社	德宏民族出版社	兰州大学出版社
重庆大学出版社	云南民族出版社	**青海**
西南师范大学出版社	云南大学出版社	青海人民出版社
四川	**西藏**	青海民族出版社（副牌）
四川人民出版社	西藏人民出版社	**宁夏**
巴蜀书社	藏文古籍出版社	宁夏人民出版社
成都地图出版社	**陕西**	阳光出版社（副牌）
成都时代出版社	陕西人民出版社	宁夏人民教育出版社（副牌）
四川辞书出版社	三秦出版社	**新疆**
四川教育出版社	陕西科学技术出版社	新疆人民出版社
四川科学技术出版社	陕西人民教育出版社	喀什维吾尔文出版社
四川美术出版社	陕西人民美术出版社	新疆人民卫生出版社
四川民族出版社	太白文艺出版社	新疆科学技术出版社
四川少年儿童出版社	未来出版社	新疆美术摄影出版社
四川文艺出版社	西安出版社	克孜勒苏柯尔克孜文出版社
天地出版社	陕西旅游出版社	新疆教育出版社
电子科技大学出版社	西安地图出版社	新疆青少年出版社
四川大学出版社	陕西师范大学出版社	伊犁人民出版社
西南财经大学出版社	西安电子科技大学出版社	新疆大学出版社
西南交通大学出版社	西安交通大学出版社	新疆生产建设兵团出版社

全国音像出版单位名录

中央出版单位

单位名称	单位名称	单位名称
中国人民公安大学出版社	北京理工大学出版社	电化教育电子音像出版社
中国建筑工业出版社	北京语言大学出版社	北京师范大学音像电子出版社有限责任公司
人民出版社	五洲传播出版社	中国民族音像出版社
商务印书馆国际有限公司	中国农业大学出版社	中华医学电子音像出版社
社会科学文献出版社	中国唱片总公司	北京科影音像出版社
中国旅游出版社	北京协和医学音像电子出版社	华盛音像出版社
社会科学文献出版社	北京南海音像出版社	北京环球音像出版社
宗教文化出版社	语文音像出版社	中国青少年音像出版社
机械工业出版社	中国卫生科教音像出版社	高等教育电子音像出版社
线装书局	解放军音像出版社	新世界出版社音像部
中译出版社有限公司	中纺音像出版社	外文出版社音像部
中国法制出版社	北京世界知识音像电子出版社	中国广播影视音像出版中心
中国计划出版社	北京中轻生活音像出版社	中国和平音像电子出版社
中国时代经济音像电子出版社	文物出版社	当代中国音像电子出版社
中国言实出版社	商务印书馆有限公司	中国质检出版社
中央文献出版社	中国青年出版社	中国国际传播音像出版社
华语教学出版社	中国少年儿童音像电子出版社	学习音像电子出版社
光明日报出版社	中国妇女音像出版社	中国大百科全书电子音像出版社
中国金融出版社	东方音像电子出版社	纵横电子音像出版社
石油工业出版社	三联书店音像电子出版社	北京伟地电子音像出版社
中国华侨出版社	红旗音像电子出版社	人民体育音像出版社
中国劳动社会保障出版社	中电报（北京）音像出版社有限公司	人民邮电出版社
中国海关出版社	中影音像出版发行有限责任公司	人民法院电子音像出版社
现代教育出版社	中国国际广播音像出版社	先行音像出版社

全国音像出版单位名录（续表1）

中央出版单位

单位名称	单位名称	单位名称
中国电力音像电子出版社	人民卫生电子音像出版社有限公司	中国华艺音像实业有限公司
中国传媒大学电子音像出版社	中国盲文出版社有声读物部	解放军卫生音像出版社
中国录音录像出版总社	中国电子音像出版社	武警音像出版社
北京东方影音公司	北京新华音像电子出版社	北京财经电子音像出版社
中国科学文化音像出版社有限公司	中国检察出版社音像中心	金融电子音像出版社
国际文化交流音像出版社	中国国际电视总公司	国家行政学院音像出版社
中航出版传媒有限责任公司	中国广播音像出版社	英华电子音像出版社
农业教育声像出版社	北京电影学院音像出版社有限公司	大恒电子音像出版社有限责任公司
中国人口音像出版社	中央新影音像出版社	人民教育电子音像出版社有限公司
煤炭工业出版社	北京外语音像出版社	中国人民大学音像出版社
中国音乐家音像出版社	中央教育科学研究所音像出版社	国防工业音像出版社
九洲音像出版公司	清华大学出版社有限公司	国土资源电子音像出版社
法制音像出版社	中央广播电视大学音像出版社	华信音像出版社
三辰影库音像出版社有限公司	北京大学音像出版社	北京体育大学音像电子出版社
金报电子音像出版中心	中经录音录像中心	人民音乐电子音像出版社
北京国际音像出版社	清华同方光盘电子出版社	金盾音像出版社
隆兴音像出版社	北京天盛科学技术音像出版社	中国医药科技音像出版社
金城音像出版社	中国农影音像出版社	北京交通大学音像电子出版社
中国文联音像出版公司	北京中电电子出版社	中国汽车报社
中国电影音像出版社	中国职工音像出版社	蓝天出版社
世图音像电子出版社	中国青年教育音像出版社	中华书局有限公司
北京对外经济贸易大学出版社有限责任公司	中国文采声像出版公司	科学普及出版社
华录电子音像出版有限公司	中共中央党校求索音像出版社	中国数字文化集团有限公司
中国三环音像社	开明文教音像出版社	

全国音像出版单位名录（续表2）

地方出版单位

单位名称	单位名称	单位名称
北京	**山西**	大连音像出版社有限公司
北京科学技术出版社	山西广电音像出版有限责任公司	大连理工大学电子音像出版社
北京联合出版有限责任公司	山西春秋电子音像出版社	**吉林**
旅游教育出版社	山西教育音像出版社有限责任公司	吉林教育出版社
北京音像公司	**内蒙古**	吉林音像电子出版社
北京文化艺术音像出版有限责任公司	内蒙古文化音像出版社	东北师范大学音像出版社
北京高教电子音像出版社有限责任公司	**辽宁**	吉林教育音像出版社
北京市青少年音像出版社	辽宁电子出版社	长春音像电子出版社
北京电视艺术中心音像出版社	大连东软电子出版社有限公司	吉林文化音像出版社
北京电子音像出版社	辽宁七星音像出版传媒有限公司	吉林大学音像出版社
天津	实用医学音像出版社	吉林银声音像出版社有限公司
天津市文化艺术音像出版社	东北大学音像出版社	吉林民族音像出版社
天津音像公司	辽宁音像出版社	**黑龙江**
新蕾音像出版社	辽宁科学技术出版社	哈尔滨出版社
天津外语电子音像出版社	辽宁文化艺术音像出版社	哈尔滨商业大学音像教材出版社
天津北洋音像出版社	辽宁广播电视音像出版社	哈尔滨工业大学出版社
南开大学出版社	辽宁辽沈音像电子出版社	黑龙江教育出版社
天津大学出版社	沈阳电子出版社	黑龙江广播电视音像出版社
河北	辽宁教育出版社	**上海**
方圆电子音像出版社	辽宁教育电子音像出版社	上海海文音像出版社
河北教育音像电子出版社有限责任公司	辽宁美术出版社有限责任公司	上海译文出版社有限公司
河北音像出版社	辽宁师范大学出版社	上海音像出版社
河北文化音像出版社	大连海事大学出版社	上海科学技术出版社有限公司
河北百灵音像出版社	万卷出版公司	上海文艺音像电子出版社

全国音像出版单位名录（续表2）

地方出版单位

单位名称	单位名称	单位名称
中国唱片上海公司	江苏音像出版社	福建省文艺音像出版社
上海声像出版社有限公司	江苏文化音像出版社	福建电子音像出版社有限责任公司
上海教育（声像）出版社	江苏凤凰电子音像出版社有限公司	厦门文广影音有限公司
上海交通大学电子音像出版社有限公司	南京大学电子音像出版社	**江西**
上海复旦大学电子音像出版社	江南电子音像出版社	江西高校出版社
华东理工大学电子音像出版社	**浙江**	红星电子音像出版社
上海科学技术文献出版社有限公司	浙江大学电子音像出版社	江西音像出版社
中国中福会出版社有限公司	浙江音像出版社有限公司	二十一世纪出版集团有限公司
少年儿童电子音像出版社	浙江电子音像出版社有限公司	江西教育出版社有限责任公司
上海城市动漫出版传媒有限公司	浙江文艺音像出版社有限公司	**山东**
华东师范大学电子音像出版社	杭州汉书数字出版传播有限公司	明天出版社有限公司
上海科学普及出版社	宁波东海岸电子音像出版社	齐鲁电子音像出版社
上海音像公司	嘉兴吴越电子音像出版有限公司	山东文化音像出版社有限公司
上海外语音像（电子）出版社	**合肥**	山东电子音像出版社有限公司
上海外语教育出版社	合肥工业大学出版社有限公司	山东大学音像出版社
上海高教电子音像出版社	时代新媒体出版社有限责任公司	山东教育电子音像出版社
上海教育音像出版社有限责任公司	安徽科技音像有限公司	山东鲁商数字出版社有限公司
同济大学电子音像出版社	安徽教育电子音像出版社	大众音像出版社
浦东电子出版社	安徽音像出版社	山东科技出版社
上海音乐学院出版社	中国科学技术大学音像出版社	青岛电子音像出版社
东方出版中心有限公司	安徽新华电子音像出版社	济南出版有限责任公司
江苏	**福建**	山东数字出版传媒有限公司
南京音像出版社	海峡世纪（福建）影视文化有限公司	中国石油大学音像电子出版社有限公司
东南大学电子音像出版社	福建教育音像出版社	山东黄海数字出版社有限责任公司

全国音像出版单位名录（续表2）

地方出版单位

单位名称	单位名称	单位名称
河南	湖南潇影音像出版社有限责任公司	广东惠州音像出版社
河南科学技术出版社	国风电子音像出版社	**广西**
河南电子音像出版社	**广东**	广西金海湾电子音像出版社有限公司
黄河音像出版社	广东教育出版社有限公司	广西音像教材出版社有限公司
河南教育电子音像出版社有限责任公司	岭南美术出版社	接力音像电子出版社
河南省文化艺术音像出版社	广东音像出版社有限公司	桂林贝贝特电子音像出版社有限责任公司
湖北	太平洋影音公司	广西科技大学音像电子出版社有限责任公司
湖北省扬子江影音有限责任公司	广东省语言音像电子出版社	**海南**
武汉影视艺术传媒有限公司	广州出版社有限公司	海南省电子音像出版社
湖北九通电子音像出版社	广州外语音像出版社有限公司	南方音像出版社
武汉大学出版社	中国唱片广州公司	**重庆**
华中科技大学出版社	广东海燕电子音像出版社	重庆音像出版社
宜昌三峡电子音像出版社	广东音像教材出版社有限公司	天健电子音像出版社
湖南	华南理工大学出版社	重庆中电电子音像出版有限责任公司
湖南大学出版社	中山大学音像出版社	重庆大学电子音像出版社
湖南师范大学出版社	广东新世纪音像电子出版社	重庆电子音像出版社
湖南美术出版社	广东大音音像出版社	西南师范大学电子音像出版社
湖南文化音像出版社	深圳音像公司	**四川**
湖南少年儿童音像出版社	深圳市激光节目出版发行公司	西南交通大学出版社
中南大学音像出版社	中国唱片深圳公司	成都音像出版社
湖南金蜂音像出版社	深圳市书城电子出版物有限责任公司	四川音像出版社
湖南电子音像出版社	珠海百年电子音像出版社	四川文艺音像出版社
湖南教育音像电子出版社有限责任公司	广东嘉应音像出版有限公司	四川数字出版传媒有限公司
湖南科学技术电子音像出版社	广东珠江音像出版社	四川党建音像出版社

全国音像出版单位名录（续表2）

地方出版单位

单位名称	单位名称	单位名称
四川大学出版社	云南美术出版社	陕西三秦出版社有限责任公司
四川省教育电子音像出版社	**西藏**	**甘肃**
华科音像出版社	西藏音像出版社	甘肃省声像教材出版社
峨眉电影制片厂音像出版社	雪域音像电子出版社	甘肃省音像出版社
贵州	**陕西**	飞天电子音像出版社
贵州文化音像出版社	陕西音像出版社	**青海**
云南	陕西文化音像出版社	西海民族音像出版社
云南科技出版社	西安电影制片厂录音录像出版社	青海昆仑音像出版社
德宏民族出版社	陕西电子音像出版社有限责任公司	**宁夏**
云南音像出版社	西安交通大学音像出版社	宁夏黄河电子音像出版社有限公司
云南民族文化音像出版社	西安外语音像教材出版社	**新疆**
云南人民电子音像出版社	西北工业大学音像电子出版社	新疆音像出版社
云南教育音像电子出版社有限责任公司	陕西师范大学出版总社有限公司	新疆电子音像出版社
云南大学电子音像出版社	西安出版社有限责任公司	
晨光音像电子出版社	陕西科学技术出版社	